개와
떠나는
대한민국

이번엔 나도 같이 가는 거예요?
개와 떠나는 대한민국

1판 1쇄 발행 2018년 6월 20일

지은이 성연재, 서희준
펴낸이 김선숙, 이돈희
펴낸곳 그리고책(주식회사 이밥차)

주소 03720 서울특별시 서대문구 연희로 192 2층(연희동 76-22, 이밥차 빌딩)
대표전화 02-717-5486~7 팩스 02-717-5427
이메일 editor@andbooks.co.kr
홈페이지 www.andbooks.co.kr
출판등록 2003년 4월 4일 제10-2621호

본부장 이정순
편집 책임 박은식
편집 진행 심형희, 김혜정, 양승은
마케팅 남유진, 권지은, 김재훈
경영지원 문석현, 윤나라
교열 김혜정

표지 디자인 넘버나인 임병천
본문 디자인 공간42 이용석

값 19,800원
ⓒ2018 성연재, 서희준
ISBN 978-89-97686-98-8 13980

All rights reserved. First Korean edition published 2018. Printed in Korea.
- 이 책을 무단 복사, 복제, 전재하는 것은 저작권법에 저촉됩니다.
- 값은 뒤표지에 있습니다. 잘못 만들어진 책은 바꾸어 드립니다.
- 책 내용 중 궁금한 사항이 있으시면 그리고책(Tel 02-717-5487, 이메일 hunter@andbook.co.kr)으로 문의해 주십시오.

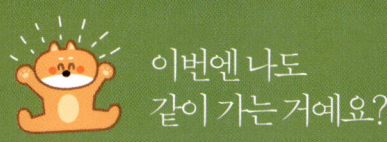
이번엔 나도
같이 가는 거예요?

개와
떠나는
대한민국

Travel

그리고책
andbooks

Prologue

사랑하는 반려견을 두고 멀리 여행을 다녀오는 것만큼 서글픈 일은 없다.
애처로운 눈망울을 외면한 채 나와 가족만 즐거운 여행을 떠나는 것도 양심에 찔리는 일이다. 어쩔 수 없이 반려견 호텔에 맡긴다고 해도 내 반려견이 어떤 상태로 어떤 대우를 받는지는 아무도 모른다. 물론 양심적인 호텔링 업체들도 많다. 최근에는 CCTV를 설치해 해외에서도 반려견의 상태를 체크할 수 있는 곳도 늘어나기 시작했다. 그러나 찜찜함은 어쩔 수가 없다. 멀쩡하던 강아지를 호텔링에 맡겼다 싸늘한 사체로 돌아오는 경우도 종종 일어난다. 맘 놓고 맡길 수도 없는 일이다.

나 역시 반려견을 경기도의 한 호텔링 업체에 맡겨 놓고 해외여행을 다녀왔을 때를 잊지 못한다. 여행에서 돌아와 반려견을 찾으러 가니, "어디 있는지 모르겠다"는 황당한 대답이 돌아왔다. 분노는 둘째 치고, 이대로 사랑하는 반려견을 못 볼 수도 있다는 불안감에 호텔 구석구석을 미친 듯이 찾아다녔다. 수영장 한구석에서 웅크리고 있던 녀석을 찾았을 때의 안도감과 미안함이란! 서둘러 집으로 데리고 돌아오며 이건 아니라는 생각을 많이 했다. 여행은 가족끼리 행복함을 느끼기 위해 가는 것인데, 다른 한 가족을 두고 가는 여행이 어찌 즐겁고 행복할 수 있을까. 그리고 좀 더 솔직해지자. 반려견 호텔링에 드는 비용도 너무 심하다. 차라리 반려견을 데리고 여행을 가는 것이 더 경제적이란 생각이 든다.

나는 반려견과 함께 여행한 지 6년 정도 됐다. 이제 여섯 살 된 녀석은 입양 때부터 줄곧 우리 여행의 동반자가 되어 왔다. 장기간 해외여행을 할 때를 제외하곤 말이다. 나와 함께 여행하는 반려견 사진을 보고 부러워하는 지인이 많다. 그리고 자주 묻곤 한다. "어떻게 개를 데리고 다니느냐", "잠은 어디서 자느냐", "개를 데리고 들어갈 식당은 있느냐" 등등이 주된 궁금증들이다. 물론 처음부터 쉽지는 않았다. 그리고 여전히 어려움은 많다. 반려견 여행지에 대한 정보가 많지 않을뿐더러 우리나라 국민들의 인식이 그만큼 따라와 주지 못하고 있기 때문이다.

요즘 많이 바뀌고 있다고는 하지만, 기르던 개를 잡아먹던 몇 십 년 전의 사고방식은 여전히 곳곳에 남아 있다. 동물에 대한 막연한 불안감과 까닭 없는 적개심을 가진 사람들도 많다. 그만큼 우리의 삶이 팍팍하고 남과 다름을 인정하려는 여유가 없기 때문일 것이다. 그러나 세상은 조금씩 바뀌고 있다. 앞으로 더 많은 반려견이 여행하는 날이 올 것이다.

더 많은 반려견이 차별 없이 여행하는 세상이 좀 더 행복한 세상이리라 믿어 의심치 않는다. 반려견에 대한 차별을 없애는 것이야말로 이 세상에 존재하는 차별을 극복하는 첫걸음이 될 것이다. 반려견들이 더 많이 여행하고 더 많이 행복해지는 데 이 책이 작은 보탬이 되길 바란다.

성연재

CONTENTS

4 Prologue
11 〈개와 떠나는 대한민국〉은 이렇게 구성되었습니다

INTRO 반려견과의 여행을 꿈꾸나요?

14 반려견과 여행 가기 전 알아야 할 몇 가지
18 여행 방법별 알아야 할 몇 가지
    캠핑을 떠나요 / 피크닉을 떠나요 / 바다로 떠나요
31 이동 수단별 알아야 할 몇 가지
    자동차 / 대중교통 / 배 · 비행기
34 반려동물과 해외여행 준비하기
36 숙소를 고를 때 알아야할 몇 가지
39 꼭 지켜야할 기본 펫티켓
40 BONUS 여기도 다녀왔어요!

Part 1. 제주도

50 월정리해변
54 김녕성세기해변
55 제주허브동산
56 정석비행장벚꽃길
57 섭지코지
58 금오름
59 성이시돌목장
60 애월카누
61 **추천 여행지** 제주김녕미로공원
62 주네가네
64 묘한상점
65 귤꽃
66 농띠
67 말이
68 오데뜨
69 앤트러사이트

70 **추천 맛집** 회국수 명가 해녀촌 / 장수해장국
71 **추천 맛집** 죽림횟집 / 유리네
72 오월의제주 펜션
73 그린사이드 펜션
74 웨스티하우스 펜션
76 파인빌펜션
78 포시즌 펜션
79 신신휴양 펜션
80 맘앤도그 펜션
81 UFO 펜션
82 제주사진집 게스트하우스

Part 2. 서울/수도권

• 서울
87 서울 대표 반려견 놀이터 4곳
90 연남동
92 이태원 & 경리단길
94 쥬쥬펫
96 별을 굽다
98 퍼피포
99 루나씨엘로
101 CAAO커피
102 샵3239
103 마이치치스
104 마쵸스헐
105 노리테이블
106 이태원개과점
107 카페 인
108 마요식당
109 카페 이누
110 부티크

111 애플트리 게스트하우스
112 프레이저 플레이스 센트럴 호텔

• **수도권**

인천
115 연희공원(연희자연마당)

강화
116 고려산
118 전등사
119 동검도
122 추천 여행지 동검도 DRAFA 365 예술극장
124 추천 여행지 무화과족욕체험장 도담
125 추천 여행지 석모도 미네랄온천
126 장구너머 B펜션
127 바르비종 펜션
128 추억이 있는 바다 펜션
129 우성 펜션

수원
130 수원화성 산책길
132 화성행궁
133 광교호수공원 애견놀이터
134 까로맘

시흥
135 갯골생태공원
136 옥구도자연공원

용인
138 기흥레스피아호수공원
140 몽키그릴
142 개떼놀이터
144 숲 속 애견랜드
145 별바라기 펜션

양주
146 양주체험관광공원(나리공원)

147 감악산
148 추천 여행지
    양주시립화암사지 박물관 / 쁘띠프랑스
150 그린빌2 애견캠핑장

가평
151 행복한정원 펜션
152 스위트몽 펜션
154 네이처스토리 펜션

남양주
156 능내역
157 물의정원
158 개똥치는사람들

양평
159 소나기마을
160 봄파머스가든
162 두물머리 & 세미원
163 산나물 두메향기
164 미코 펜션
166 버드힐 펜션
167 용문행복한집 펜션
168 로그캠프 펜션
169 더 큐브 펜션

172 **군포** · 당정근린공원
173 **분당** · 율동공원 반려견 놀이터
174 **이천** · 달려라 코코
176 **포천** · 명성산 & 산정호수
177 **안성** · 팜랜드 파라다이스독
178 **하남** · 태극이네 고기 굽는 학교
179 **화성** · 제부도 해랑 방펜션
180 **포천** · 캠핑마을

Part 3. 강원도

강릉
- 184 주문진항
- 185 강문해변
- 188 **추천 여행지** 오죽헌
- 189 **추천 여행지** 선교장
- 190 개스토랑 in 위촌길299
- 191 경포해변 일대 카페거리
- 194 보헤미안박이추 커피
- 195 **추천 맛집** 대동면옥
- 196 프렌즈 펜션
- 197 나인원 펜션

양양
- 198 멍비치
- 200 갈천계곡
- 202 남애항
- 203 **추천 여행지** 동호해수욕장
- 204 **추천 맛집** 천선식당
- 205 **추천 맛집** 수산횟집 / 수산항 흥미횟집
- 206 양양오토캠핑장 & 솔밭가족캠프촌
- 208 바다빛 무지개 펜션
- 210 풀빛둥지 펜션
- 212 도그힐 펜션
- 213 빈티지하우스
- 214 퍼피 게스트하우스

영월
- 216 봉래산산림욕장
- 217 보보스캇 펜션 & 야영

인제
- 218 방태산 권역
- 219 **추천 맛집** 용대리 복바위황태식당 / 나무꾼과선녀
- 220 바람부리 펜션
- 221 미산분교 캠핑장
- 222 설하관광농원 캠핑장

춘천
- 223 의암호 공지천유원지
- 224 **추천 여행지** 제이드가든수목원
- 225 **추천 여행지** 국립용화산자연휴양림 / 닭갈비거리
- 226 가을향기 펜션

평창
- 227 노동계곡
- 228 계촌마을
- 230 오대산
- 232 어름치마을
- 234 대관령한우프라자
- 235 듀오 펜션
- 236 리운 산장
- 237 봄여름가을겨울 펜션
- 238 작은 통나무집 펜션
- 240 개울건너 펜션
- 241 쁘띠 펜션
- 242 산내들 펜션
- 244 쿠키마당 펜션
- 246 타임 펜션
- 247 하늘자락 물소리 펜션

홍천
- 248 모곡레저타운
- 249 숲 속 동키마을
- 250 **추천 맛집** 양지말화로구이
- 251 아이리스 펜션
- 252 밤벌오토캠핑장

횡성
- 253 태기산
- 255 **추천 여행지** 청태산 자연휴양림
- 256 대관령한우프라자
- 257 **추천 맛집** 태기산 막국수

258 병지방 오토캠핑장
259 유비캐슬 펜션

Part 4. 경상도

부산
262 해동용궁사
263 죽성드림성당
264 장안사 계곡
265 오픈하우스가든
266 샤브야
267 추천 맛집 오복미역 / 기장혼 국보미역
268 더펫텔
270 하울팟

울진
272 왕피천 지역
273 백두대간 협곡열차
276 강아지 치유농업 양원마을 라벤더
280 바다목장 펜션

영덕
281 산림생태문화체험공원
283 추천 맛집 영덕물회막회
284 영덕 오션펜션

경주
285 스탬프 추억여행
287 추천 여행지 국립경주박물관
288 햇살가득 펜션
289 남산자락 펜션

울산
290 울산시티투어
291 영남알프스 복합웰컴센터
292 오뉴월 펜션

통영
293 중앙시장
294 육지도
296 오미사꿀빵
297 느티나무 펜션

거제
298 바람의 언덕
299 거제포로수용소유적공원 & 평화파크
300 산타모니카 펜션

함양
301 천 년의 숲 상림공원
302 마천 다랭이논
303 지곡 개평한옥마을
304 함양 지리산자락길
305 산지골 펜션

산청
306 산청 9경
309 지리산 펜션

남해
310 추천 맛집 남해군 우리식당
311 추천 맛집 미미식당
312 아난티

봉화
314 국수
315 브레드유

316 고령 · 트리독스애견전용 캠핑장

Part 5. 전라도

전주
322 한옥마을
323 청년몰

324 베테랑분식
325 벼리채 펜션
326 **순천** · 순천만 자연생태공원

여수
328 오동도
329 **추천 여행지** 선암사 / 송광사
330 **추천 여행지** 소선우
331 구름속으로 펜션
332 까까오독

목포
333 목포근대역사관
335 외달도 한옥민박
336 수다방 게스트하우스

완도
337 신지명사십리 해수욕장
338 장도 청해진유적지
339 청산도
342 바다를 담은 면
343 수목원 펜션
344 하늘정원 펜션

부안
345 변산반도국립공원
346 **추천 여행지** 내소사
347 **추천 맛집** 계화회관 / 곰소쉼터장
348 **추천 맛집** 해변촌
349 고사포해수욕장 캠핑장
351 모항해수욕장 캠핑장
354 모항비치 펜션

임실
355 치즈마을 & 치즈테마파크
357 오수애견 캠핑장

Part 6. 충청도

단양
360 방곡리
362 사인암
363 방곡리와 사인암 일대 식당들
364 사동유원지야영장

태안
366 몽산포해수욕장
368 팜카밀레허브농원
370 전주식당
371 블루베리 펜션
372 하늘섬 펜션
374 해마루 펜션
375 만리포 송현별장
376 솔푸른 향기 펜션
378 숲속의 핀란드 펜션
379 좋은 아침 펜션

보령
380 대천해수욕장
382 보령댐 물빛공원
383 **추천 여행지** 오서산자연휴양림
384 천북 생굴단지
385 펜션 & 호텔뷰

예산
386 예당호(예당저수지)
387 **추천 여행지** 리솜스파캐슬
388 피플앤독힐링캠프

아산
389 외암민속마을
390 곡교천(은행나무길)
391 공세리 마을
392 라포레 캠핑장

〈개와 떠나는 대한민국〉은 이렇게 구성되었습니다

- **Place**
  반려견 동반 가능 여행지를 소개했습니다.
  해당 여행지의 주소, 연락처 등을 기재했습니다.

Accommodation
반려견 동반 가능 숙소를 소개했습니다.
해당 숙소의 주소, 연락처, 입·퇴실시간, 반려견 동반 시 필요한 정보 등을 기재했습니다.

Eat & Drink
반려견 동반 가능 맛집 & 카페를 소개했습니다.
해당 맛집 & 카페에 대한 주소,
연락처, 영업시간, 추천 메뉴 등을 기재했습니다.

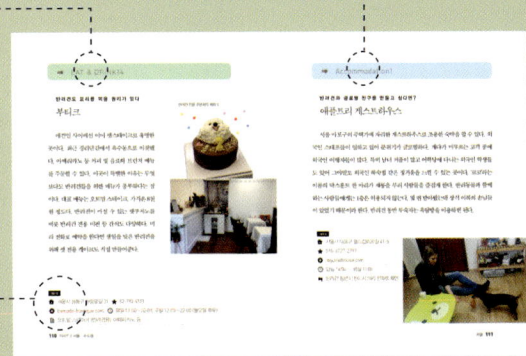

Info
모든 스팟에 대한 기본정보를
기재했습니다.

- **추천 여행지 · 추천 맛집**
  반려견에게 휴식이 필요할 때 모든 여행지를 동행하면 오히려 해가 될 수 있습니다.
  반려견을 잠시 맡기거나 두고 금세 다녀올 수 있는 여행지와 맛집도 함께 소개했습니다.

Intro. 반려견과의
여행을
꿈꾸나요?

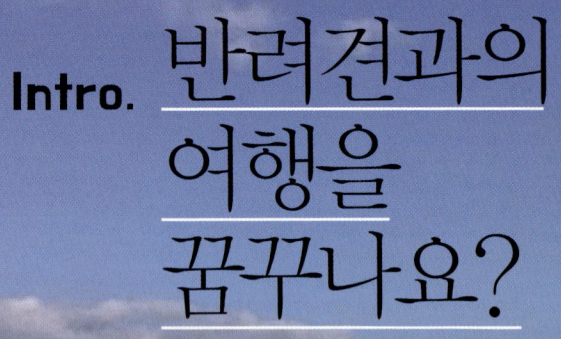

여행을 떠날 때마다 반려견들이 마음에 걸린다. 두고 가자니 불안하고, 그렇다고 데리고 갈 엄두는 나지 않는다. 사랑하는 가족을 두고 떠나려니 마음이 불편할 수밖에 없다.
반려동물 인구가 천만 명이 넘어선 요즘, 반려동물에 대한 인식과 문화도 서서히 바뀌고 있다. 반려동물을 위한 각종 물품과 시설, 서비스들이 속속 등장하고 있고, 반려견과 함께 갈 수 있는 공간도 다양해졌다. 더 이상 꿈만 꾸지 말고 반려견과의 여행을 차근차근 준비해보자.

반려견과 여행 가기 전 알아야 할 몇 가지

반려견과 여행을 떠나기 전에 염두에 두어야 할 것들이 있다. 제대로 준비된 상태로 떠나야 여행이 즐겁고 고되지가 않다. 자칫 준비를 게을리 했다가 여행이 고역이 될 수도 있고, 잘못하면 큰 사고로 이어질 수도 있다. 반드시 명심하자. 안전이 가장 우선이다. 기본에 충실해야 즐거운 여행이 될 수 있다.

우리 강아지는 소형견? 중형견? 대형견?

현재 우리나라에서는 소형견과 대형견 등을 구분하는 기준이 딱히 없다. 애견협회나 애견연맹은 국가기관은 아닌 데다 그런 곳에서 정해 놓은 기준도 없기 때문이다. 통상적으로는 7kg 이하를 소형견으로 부르는 경우가 많다. 7kg~15kg 사이를 중형견, 15kg 초과는 대형견으로 구분하는 것이 일반적이다. 그러나 5kg만 넘어가도 몸무게에 비해 덩치가 큰 개들도 많다.

● **소형견 종류**

말티즈, 포메라니안, 치와와, 페키니즈, 토이푸들, 요크셔테리어 등은 4kg 내외로 소형견 가운데서도 경현견으로 분류할 수 있다.
닥스훈트, 미니핀, 시츄, 화이트 테리어, 퍼그, 빠삐용, 미니어처 푸들, 비숑 프리제, 이탈

리안 그레이하운드 등은 본격적인 소형견으로 분류된다.

● **중형견 종류**

프렌치 불독, 재패니스 스피츠, 미니어처 슈나우저, 셔틀랜드 쉽독, 베들링턴 테리어, 보스턴 테리어 등이 중형견으로 분류된다.
웰시코기와 아메리칸 불독, 비글, 코카 스파니엘, 아메리칸 불리, 잉글리시 불독, 시바견 등은 본격적인 중형견이다.

● **대형견 종류**

사실 살짝 애매한 부분이긴 하다. 흔히 보이는 시베리안 허스키를 비롯해 보더콜리, 마리노이즈, 차우차우, 달마시안, 진돗개, 삽살개, 스탠다드 푸들 등이 준대형으로 분류된다. 완전 대형이라 불리기엔 애매한 크기다.
본격적인 대형견으로는 리트리버 종류인 골든 리트리버, 래브라도 리트리버 등이 포함된다. 로트 와일러, 알래스칸 말라뮤트 등도 확실한 대형견이다. 사모예드, 풍산개, 도베르만, 케인코르소, 버니즈 마운틴 독, 올드 잉글리시 쉽독, 아키다, 저먼 셰퍼드 등도 포함된다. 초대형견으로는 그레이트 피레니즈, 세인트버나드, 그레이트 데인 등이 포함된다.

구충 · 예방접종은 하셨나요?

대부분의 반려견들이 실내에서 생활하기 때문에 야외의 벼룩이나 진드기 등 외부 기생충에 감염되기 쉽다. 따라서 여행을 가기 전에 반드시 외부구충을 실시해야 한다. 특히 모기가 활발히 활동하는 여름일 경우, 심장사상충 예방은 필수다.

> **TIP**
>
> **아래와 같은 증상이 있다면 무조건 데려가지 마세요**
> 1. 설사나 구토 등의 이상증상을 보이거나 피부병이 있는 반려견
> 2. 예방접종을 마치지 않은 어린 강아지
>   (최소 5차 접종을 마칠 때까지는 여행을 피하는 것이 좋다)
> 3. 발정(생리) 중인 반려견
> 4. 대소변을 가리지 못하는 반려견
> 5. 가구를 물어뜯는 반려견
> 6. 공격적이고 사나운 반려견, 특히 짖음이 심한 반려견

애견용품은 챙기셨나요?

반려견과의 즐거운 여행을 위해서는 반드시 챙겨야 하는 물품들이 있다. 애견전문 펜션의 경우에는 애견용품을 잘 갖춘 곳도 많지만, 전문 펜션이 아니거나 만약의 경우를 대비해 몇 가지 애견용품은 챙겨가는 것이 좋다. 바뀐 환경 때문에 반려견이 배변실수를 하는 경우가 종종 있기 때문에, 기존에 사용하던 물품을 가져오는 것을 추천한다.

같이 놀아요!

● **꼭 챙겨야 될 애견용품**
사료·간식, 배변판, 배변패드, 인식표, 목줄, 이동가방, 애견침대, 식기

● **있으면 좋을 애견용품**
장난감, 휴대용 물병, 목욕·미용용품, 울타리·철장, 해충방지제

컨디션 조절도 필요해요!

반려견들은 먼 거리를 떠나야 하는 여행에 익숙지 않다. 차를 타는 순간부터 여행이 끝날 때까지의 긴 시간 동안 많은 스트레스를 받게 된다. 따라서 반려견이 불안감과 초조함을 느끼지 않도록 여행 전 단계부터 세심하게 잘 살펴주는 것이 중요하다. 심한 운동

은 자제하고, 잠을 충분히 재우며, 필요하다면 병원에서 진정제나 멀미약을 처방받는 것도 방법이다.

인적이 비교적 드문 곳으로

강아지를 두려워하거나 싫어하는 사람들과의 마찰을 피하기 위해서는 비교적 한산한 여행지를 선택하는 것이 현명하다. 평소에 얌전하던 반려견이라도 환경이 달라지면 예민해질 수 있다. 만에 하나 있을 수 있는 마찰은 피하는 것이 좋다.

당황하지 않도록 상비약은 반드시 챙기기

반려견의 상비약도 반드시 챙기자. 상비약을 제대로 준비하지 못해 난감한 경우를 겪는다면 모처럼의 휴가를 망칠 가능성이 높다. 하드웨어가 튼튼한 반려견이 있는 반면, 조금만 차량에 실려 이동해도 먹은 것을 게워 내거나 어지럼증을 호소하는 동물도 많다. 이럴 땐 강아지 멀미약/안정제 등을 미리 처방받아 가면 좋은 대안이 될 수 있다. 혹시 모를 상처에 대비한 연고와 스프레이, 하이포닉 귀 세정제 등도 상비약으로 요긴하다. 샴푸의 경우 다이소 등에서 작은 공병을 사서 담아 가면 편하다. 패드는 원두커피 냄새가 나는 라비엥패드 등을 준비하면 센스 만점.

> **TIP**
>
> **애견용 해충 스프레이도 잊지 마세요**
> 파란 풀밭에서 자유롭게 뛰어다니는 우리 멍뭉이!
> 이것만큼 신나고 행복한 일은 없다. 그러나 공원 잔디나 풀밭에서 걱정 없이 뛰어놀 수 있도록 하기 위해서는 준비물이 필요하다. 바로 해충 스프레이. 풀밭에서 개미를 잡겠다고 난리를 부려도 끄떡없다. 해충 스프레이는 특히 캠핑의 경우 더 중요하다. 민감한 멍뭉이들을 위해 스프레이는 천연제품으로 고르는 것이 좋다. 라벤더 등을 활용한 천연 해충 퇴치제들을 추천한다.

여행 방법별 알아야 할 몇 가지

어떤 종류의 여행을 하느냐, 어떤 형태로 숙박을 해결하느냐에 따라 준비할 것도 천차만별이다. 전 국민적인 여가활동이 되어가는 캠핑, 또는 요즘 뜨고 있는 애견 동반 펜션, 한나절의 피크닉 등 다양한 여행 방법이 있다. 캠핑의 경우 반려동물들이 자유롭게 활동할 공간이 많은 대신 더 많은 준비물이 필요하다. 애견을 수용하는 전문적인 숙소들은 수소문하기 힘들다는 단점이 있지만 그만큼 편리하다. 야외로 나갈 때는 펫티켓도 잊지 말아야 한다. 여행의 성격에 따라 챙겨야 할 것들을 모아보았다.

캠핑을 떠나요

캠핑은 반려동물들이 자유롭게 활동할 공간이 많을 뿐 아니라 비교적 덜 붐비는 곳에서 자연의 흥취를 느낄 수 있다는 장점이 있다. 한편으로 캠핑지는 지금까지 반려동물들이 겪어온 환경과는 완전히 다른 곳이기 때문에 각별한 주의가 요구된다. 익숙하지 못한 데크부터 각종 벌레와 알레르기까지, 반려동물들은 다양한 위험에 노출될 수 있다. 이런 위험으로부터 반려동물들을 보호하고 안전하게 여행하려면 준비와 더불어 많은 물품들이 필요하다.

캠핑 장비가 없다면 제일 먼저 장만해야 하는 것은 당연히 텐트다. 당일로 다녀오는 야유회가 아니라 최소한 1박 이상의 일정을 소화해야 하기 때문에 텐트는 기본적으로 방수되어야 하고, 가족 모두가 야외 생활을 하는 데 불편함이 없을 정도의 크기여야 한다.

반려동물을 위한 텐트

동물들에게 텐트는 심리적 안정감을 준다. 밝은 빛으로부터 피하거나 시끄러운 환경으로부터 왠지 피할 수 있을 듯한 느낌을 주기 때문이다. 반려동물용 텐트라고 해서 사람 텐트와 크게 다르지 않다. 텐트란 것의 구조는 비슷하기 때문이다. 크게 자동형 텐트와 수동식 텐트로 나뉜다. 자동식 텐트는 던지면 펴지는 형태의 텐트와 우산형 텐트 등으로 나뉘는데, 일단 편리하다. 수동식 텐트의 경우는 폴대 2개 이상을 넣어 텐트가 자립되도록 하는 형태다.

● 와우텐트식의 '던지면 펴지는' 자동 텐트

펴기가 편리해 초심자들이 자주 사용하는 텐트.
펴기는 편리하지만 접는 방법은 쉽지가 않다. 초심자들은 접기가 더 어렵다.

접고 펴기는 불편하지만 2개 폴대를 체결해 지탱하기 때문에 의외로 굉장히 편리하다.
텐트전문 메이커 캠핑ABC에서는 인디언텐트 형태의 럭셔리한 텐트를 저렴한 가격에 내놓았다.

사람을 위한 텐트

텐트는 크기와 용도에 따라 크게 세 가지로 구분한다. 가장 작은 규모인 돔 텐트, 4인 가족 이상의 경우 비바람으로부터 피할 수 있는 패밀리 텐트, 즉 리빙쉘이라 부르는 거실용 텐트가 필요하다. 최근에는 반려견들을 해충들로부터 피할 수 있는 타프쉘 디럭스 형태의 텐트도 인기를 끌고 있다. 타프쉘 디럭스는 그늘을 만들어주는 타프에다 모기장을 설치해 개방성을 높인 것이다.

● 소형 텐트

오로지 들어가 잠을 자기 위해 만든 작은 돔형태의 텐트다. 난방이 필요 없는 기간에 주로 사용하며 그늘을 만들어주는 타프와 함께 사용하는 것이 일반적이다.

● 거실형 텐트

특히 반려동물과 함께 캠핑하는 사람이라면 먼저 고를 수밖에 없는 형태의 텐트다. 국산 브랜드인 코베아, 캠핑ABC, 수입 브랜드인 콜맨, 스노우피크 등이 대표적인 브랜드다. 최근에는 국산 제품의 품질이 외산제품을 능가하는 경우가 많다. 국산의 경우 50만 원대면 적절한 거실형 텐트를 살 수 있다.

● 타프쉘 디럭스

반려동물을 대동한 캠핑이라면 진드기나 모기 등 해충이 신경이 쓰이지 않을 수 없다. 이럴 때 타프에 모기장을 설치한 형태인 타프쉘 디럭스 형태의 텐트가 가장 효율적인 캠핑을 할 수 있다는 평가를 받고 있다. 특히 캠핑ABC의 경우 반려동물 전용 스트링을 윗부분에 설치해 반려견이 타프쉘 내부에서 자유롭게 다닐 수 있도록 했다. 캠핑 시 강아지 줄을 펙에 박을 경우 스트링이 이리저리 꼬여 애를 먹은 경험은 누구나 있을 것이다. 이 부분을 해결한 것이 바로 타프쉘 내부 상단에 설치한 스트링이다. 강아지도 해충으로부터 보호할 수 있고 줄이 꼬여 상처를 입을 위험도 줄일 수 있다.

TIP

여름에는 타프가 필수

소형텐트를 사용하는 경우에는 타프를 사용하는 것이 필수다. 타프는 대형 그늘막이라 생각하면 된다. 한여름 강한 햇볕으로부터 반려동물과 사람들을 보호해주며, 비바람으로부터도 보호해준다. 중요한 것은 그늘의 질이다. 대부분 저렴한 원단으로 마진을 보지만 국산 중소기업에서 만든 블랙펄 타프는 얇은 조개 가루를 뒷면에 도포해 차광효과를 높여준다. 햇볕이 그만큼 적게 들어오기 때문에 훨씬 시원하다.

기타 캠핑 용품

텐트가 준비되었다면 이제 다른 캠핑 용품들도 눈여겨보자. 반드시 필요한 건 아니지만 구비해두면 두루두루 쓰이는 유용한 용품들이다. 특히 캠핑은 야외에서 취사를 하기 때문에 관련한 용품들이 많다. 사용 시 안전에 유의하자.

● 버너

가스버너의 경우 가격이 저렴하고 연료를 구하기 용이하고 사용도 쉬워 많이 쓰인다. 그러나 바람에 약하고 저온에서는 화력이 떨어진다는 단점이 있다. 연료인 액화 부탄가스는 기화점이 영상 5℃ 정도에 불과하다. 그러므로 기온이 떨어지면 액체인 가스가 기화가 힘들어 화력이 떨어진다. 최근에는 기화점이 영하 49℃인 프로판가스를 20% 정도 혼합해서 파는 제품도 있다. 휘발유 버너는 일단 화력이 좋지만, 조작법이 편리하지 않다는 단점이 있다.

● 퍼니처

요즘 캠핑 퍼니처는 집에서 사용하는 것만큼 편해졌다. 좌식이 아닌 입식 생활이 기본이기 때문에 테이블과 의자는 필수다. 당연한 말이겠지만 캠핑장비는 전문매장에서 사는 것이 아무래도 좋다. 휴가철이 되면 대형 마트 등에서 다량으로 쏟아져 나오는 의자나 테이블을 사는 것은 피해야 한다. 의자의 경우 국산이 가격대비 품질이 뛰어나고 애프터서비스가 좋다.

● **LED랜턴**

과거에는 가스랜턴이 큰 유행이었다. 그러나 기술의 발전으로 LED 랜턴이 등장하면서 대부분의 가스랜턴은 창고 속으로 사라졌다. 앞에서 밝힌 바대로 부탄가스를 이용한 랜턴은 기온이 떨어지면 효율이 급격히 떨어진다. 휘발유 랜턴의 경우 가스랜턴의 이런 점을 보완한 것으로, 기온의 영향을 비교적 적게 받으며 훨씬 밝다. 그러나 펌프질이 필요하며 불을 붙이기가 쉽지 않다. 야외에서 밤을 지내다 보면 밝은 빛을 보고 벌레들이 모이기 쉬운데, 랜턴을 두 개 준비하는 것이 이를 피할 수 있는 방법이다. 밝은 랜턴으로 유혹하는 것이다. 약간 떨어진 곳에 더 밝은 랜턴을 두면 그쪽으로 벌레들이 모이게 된다.

● **침낭**

야외에서의 취침은 집 내부에서의 취침과 다르다. 한여름이라도 기온이 많이 떨어지기 때문이다. 봄가을은 더하다. 그러므로 체온을 최대한 보존할 수 있는 형태로 제작된 것이 침낭이다. 가장 밀착이 잘되도록 설계된 침낭은 머미형 침낭이다. 미라를 뜻하는 영어 단어 머미를 생각하면 된다. 최대한 몸에 밀착을 시켜 체온을 보존토록 했다. 여유 공간이 많은 사각 침낭은 이불 대용으로도 활용돼 활용도가 높다.

● **매트리스**

침낭만 있으면 체온을 보존할 수 있을까? 그렇게 해서는 체온보존이 되지 않는다. 왜냐하면 바닥에서 한기가 올라오기 때문이다. 바닥 냉기를 막아주고 푹신하게 쿠션 역할도 하는 것이 바로 매트리스다. 크게 폴리에틸렌 폼으로 되어 있는 발포 매트리스와 공기를 넣어야 하는 에어 매트리스 등으로 나눌 수 있다. 에어매트리스는 밸브가 달려 밸브를 열면 자동으로 공기가 주입되는 것도 있으며 펌프를 통해 넣어야 하는 것도 있다. 그러나 홈쇼핑 등에서 판매하는 에어 매트리스를 사면 낭패를 보기 십상이다. 수납성이 꽝이기 때문이다. 에어 매트리스 가운데서도 두께가 얇고 속이 차있어 푹신한 제품이 좋다.

TIP

발포매트, 두루두루 유용해요

여름에 캠핑을 할 경우 바닥 냉기를 무시하면 혹독한 고행을 겪는다는 사실을 잊지 말자. 한여름이라도 따스한 집을 떠나 밖으로 나가 잠을 잔다면 믿을 만한 것은 얇디얇은 텐트와 바닥에 깔린 매트뿐이다. 매트를 은박 돗자리 정도만 준비했다면 다시는 캠핑 가고 싶지 않아질 것이다. 최소한 발포매트 2장은 준비해야 안락하고 편안한 캠핑이 될 수 있다.

● 화롯대 · 바비큐 그릴

캠핑의 낭만은 불에서 나온다. 가정과는 달리 바깥에서는 화롯대에 불을 피워 따스함을 유지할 수 있다. 모닥불에 둘러앉아 커피라도 한 잔 마셔야 분위기가 난다. 집에서 쉽게 할 수 없는 고구마 굽기 등 다양한 요리를 할 수 있다.

● 코펠

굳이 값비싼 제품을 구입할 필요는 없다. 집에서 쓰던 양은 냄비라도 관계없다. 코펠의 경우 한 가지 중요한 사실을 잊어버리는 경우가 많다. 코펠은 언제나 넉넉하게 사야 한다는 것이다. 3인 가족이라도 최소 5~6인용을 장만해야 하며, 먹는 것을 중요하게 생각하는 경우에는 반드시 7~8인용을 장만해야 한다.

● 전기선

최근에는 전기 시설이 완비된 캠핑장이 많다. 전기선은 30m급을 준비하면 큰 불편을 느끼지 못한다. 그러나 한겨울에는 전기를 이용한 스토브는 사용을 자제해야 한다. 나 하나쯤 하고 썼다가 용량을 이기지 못해 전 캠핑장의 전기가 다운이 되는 경우가 종종 벌어진다.

● 아이스박스(쿨러)

캠핑 시 늦봄부터는 아이스박스(쿨러)를 꼭 챙기도록 하자. 조금만 목이 말라도 냉장고 없는 바깥에서는 괴롭다. 늦봄부터는 기온이 조금만 올라도 시원한 물이 필요하기 때문이다.

TIP

사료 및 음식은 이렇게 준비 해요

음식 재료는 미리미리 집에서 다듬어서 밀폐용기 등에 담아 오면 편리하다. 현장에서 감자나 무를 깎는 등 식재료를 준비하면 정말 피곤하고 고돼서 캠핑을 다시 오고 싶지 않을 지도 모른다. 미리 식재료를 준비해서 넣고 볶거나 끓이기만 하면 편리하게 캠핑 요리를 즐길 수 있다.

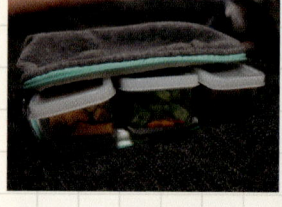 

반려견을 위한 특별한 간식을 고민한다면

강아지와의 여행은 자칫 준비를 소홀히하면 괴로운 여정이 되기 쉽다. 특히 익숙하지 않은 교통수단을 이용하거나 장거리 승용차 여행을 떠나는 경우 반려견들이 평소와 다른 모습을 보일 때가 많다. 이때는 맛난 간식으로 반려견을 달래주면 좋다

 어글어글
uglugl

생김새나 성질 따위가 너그럽고 부드러운 모양을 뜻하는 한글 어글어글. 강아지 친환경 자연 간식 제품이기도 하다. 주로 제주도에서 생산되는 청정 친환경 인증을 받은 식재료를 이용해 만든다. 사람이 먹는 식자재만큼 청결하다. 안전하게 아이스박스로 밀폐 포장해 신선함을 자랑한다.

> 어글어글의 인기 메뉴, **제주 흑돼지 채소 스팀**이에요. 제주 청정 지역 들판에서 자란 흑돼지로 만들었어요. 믿고 먹이셔도 좋습니다.

INFO
- uglugl.com
- 032-212-2202
- 제주 청정 유기농 야채 샐러드,
  제주 청정 말고기 스팀 요리,
  제주 흑돼지 채소 믹스 스팀,
  전라도 다도유목장 무항생제 산양유 치즈,
  경상남도 의령 무항생제 메추리 통구이 등

피크닉을 떠나요

피크닉 갈 때는 앉아 쉴 수 있는 얇은 매트, 강아지들 갖고 노는 원반이나 공 같은 것을 준비하면 좋다. 특히 목마를 경우를 위한 휴대 가능한 일회용 컵도 필수다. 반려견 산책과 동반여행 시에는 이동식 유모차와 같은 역할을 하는 로얄테일즈 스텔라 그레이 유모차 제품도 고려해볼 만하다. 반려견이 작은 경우 로얄테일즈 트래이닝 백도 괜찮다. 트래이닝 백은 이동한 뒤에는 이동장으로서의 역할도 할 수 있어 동물들에게 위안감을 준다.

> **TIP**
>
> **제일 자주 꺼내는 건 맨 위에 넣어 보관하기**
> 짐 쌓는 것은 처음 꺼낼 것부터 제일 위로. 현장에 도착해서 제일 먼저 꺼내야 할 텐트와 팩, 망치 등을 가장 위에 두는 것이 편리하다. 또한 의자 등을 먼저 꺼내두어 침낭 등 흙에 닿지 않아야 하는 것을 얹어놓는 것도 중요하다.

TIP

반려견을 위한 캠핑용품 전문 매장도 따로 있어요

반려견들을 데리고 여행을 할 경우 필요한 여러 가지 소품들과 가방 등 반려동물을 데리고 여행할 때 반드시 필요한 제품들이 있다. 그러나 일반 반려동물 매장에서는 이런 세세한 부분들을 잘 갖추지 못한 곳들이 대부분이다. 일반 반려동물 용품 매장이기 때문이다.
반려동물 여행을 위한 전문용품 매장이 수도권 외곽에 자리잡고 있어 한 번쯤 방문해볼 가치가 있다. 특히 캠핑은 지금까지 반려동물들이 겪어온 환경과는 완전히 다른 곳이기 때문에 각별한 주의가 요구된다. 각종 벌레부터 익숙하지 못한 데크 등과 알레르기 등 반려동물들은 다양한 위험에 노출되게 된다. 이런 위험으로부터 반려동물들을 보호하고, 안전하게 여행할 수 있는 제품들을 직접 만져보고 구입할 수 있어야 한다.

추천

김포 캠핑큐

창고형 캠핑 전문 용품점으로 캠핑에 관련해서는 없는 것 없는 곳이다. 반려동물과의 캠핑에 대한 오래된 노하우를 갖고 있다. 반려동물과 함께할 수 있는 전국 캠핑장에 대한 장소와 정보도 추천해준다.

INFO
- 경기 김포시 고촌읍 신곡로 122(신곡리 447-72)
- 031-998-7683
- 평일 10:00~20:00 토, 일요일 영업
- 애견 캠핑 텐트, 애견 전용 이동가방, 애견 매트 등 애견여행 용품 일체

바다로 떠나요

강아지와 바다 여행을 할 계획이라면 밥그릇과 밥, 물, 간식, 목줄을 기본으로 챙겨야 하며, 배변 뒷처리용 배변봉투와 물놀이 시 즉시 자리에서 닦아줄 수 있는 수건도 챙기는 것이 좋다. 또한 혹시 잃어버릴 것에 대비해 인식표를 착용해주는 것은 기본이다. 에어브러시 등이 있으면 물놀이 혹은 해변가 산책 후 강아지 몸에 붙은 먼지와 모

래를 털어줄 수 있다. 이동식 고수압 세척기를 준비하면 유용하다. 털에 묻은 바닷물과 덕지덕지 붙은 흙먼지 등을 효과적으로 씻어낼 수 있기 때문이다. 해외제품들이 주류를 이루고 있지만 국내산 제품으로 마련해도 괜찮다. 이밖에 물놀이에 익숙하지 않은 강아지라면 강아지용 구명조끼를 챙기는 것도 좋다.

이동 수단별 알아야 할 몇 가지

반려견과 함께 본인의 승용차로 이동하느냐, 대중교통을 이용하느냐, 배냐 혹은 비행기를 타느냐에 따라 준비물이 달라진다.

자동차

자동차로 장거리를 이동할 경우에는 반려견이 멀미를 하기 쉽다. 특히 장거리 이동이 처음이거나 평소 멀미가 심한 반려견이라면 멀미를 겪을 가능성이 훨씬 높다. 따라서 출발하기 한 시간 전부터는 물 이외의 음식을 주지 않는 편이 좋다. 차량 내 안전을 위해선 반려견을 이동가방 안에 넣는 것이 가장 좋다. 반려견을 안고 장시간 이동하는 것은 견주뿐만 아니라 반려견도 힘들기 때문이다. 게다가 반려견의 심리적 안정을 위해서도 이동가방을 권장한다. 이동가방을 평소 자주 사용한 반려견은 장시간의 이동에서도 편안함을 느낄 수 때문이다.

무더운 여름의 자동차 실내 온도는 외부 온도의 최대 2~3배까지 오른다. 반려견을 차 안에 혼자 둬서는 안 된다는 뜻이다. 어쩔 수 없이 차를 비워야 하는 경우라면, 그늘진 곳에 주차하고 5분 내로 빨리 볼일을 보고 돌아와야 한다. 사람도 차를 타고 가다 보면 화장실이 가고 싶거나, 쉬고 싶기 마련이다. 강아지 역시 마찬

가지. 적어도 한 시간 반에서 두 시간에 한 번쯤은 차를 세우고 반려견에게 휴식시간을 주어야 한다. 갑자기 차 밖으로 뛰쳐나가는 것을 막기 위해 목줄을 채우고, 차 밖에서 배변을 보게 하거나 물을 주는 것이 좋다. 멀미가 심한 반려견일수록 땅 위에서 충분히 쉬게 해주어야 한다.

> **TIP**
>
> **반려견에게도 안전벨트가 필요해요**
>
> 혹 반려견은 그냥 두고 본인만 안전벨트를 하지는 않는지? 아직 보급화되어 있지는 않지만 애견용 안전벨트가 있다. 차량 안전벨트 버클에 탈착할 수 있는 애견용 안전벨트인 리쉬는 탈착이 편리하고 안전성이 높다. 주로 하네스에 연결해 사용한다.
>
> **애견 전문 택시를 이용하는 건 어때요?**
>
> 반려동물 1,000만 시대를 맞아 애견 전문 택시 회사가 늘고 있다. 지역별 애견택시 업체도 생겨나고 있는 형편이다. 장거리 여행은 힘들겠지만 도심 인근에서 가까운 곳을 오갈 때는 애견 전문 택시를 활용하는 걸 추천한다. 대표적인 업체로는 브라더스(petbrothers24.com)나 펫미업 (www.petmeup.co.kr) 등이 있다.
>
>

대중교통

자가용 승용차를 이용한 육지 여행은 별 문제가 없겠지만, 가끔 대중교통을 이용해야 할 경우 만반의 준비를 하는 것이 좋다. 승용차나 렌터카가 갑자기 수배가 되지 않을 경우도 있으니 기본 준비물을 알아두자.

● **고속버스/일반버스/지하철**

버스를 이용해 이동하는 경우가 많지는 않지만, 준비를 해야 할 경우가 있을 것이다. 특히 대중교통 가운데 흔들림이 심한 경우라 볼 수 있다. 적어도 목줄과 캐비넷이나 이동가방, 그리고 배변시트 3가지는 준비

하는 것이 좋다. 지하철의 경우 출퇴근 시간은 절대 피하자. 만원 지하철 안에서 난감한 일을 겪을 수도 있기 때문이다.

> **TIP**
>
> **대중교통 이용 시 필수품**
> ● 이동장
> 사람과 함께 타야 하기 때문에 강아지가 들어가 있을 이동장은 필수다.
> ● 예방접종카드
> 법적으로 반려동물을 대중교통에 태우려면 예방접종카드가 있어야 한다. 이를 소지하지 않았을 경우 심하면 벌금을 물어야 할 수도 있다.
> ● 기저귀
> 심할 경우 기저귀를 차야 할 경우도 있다. 흔들리는 차 안에서 불안감을 느껴 나도 모르게 쉬를 할 수 있기 때문이다.

● 기차

기차이용에 대한 정보 가운데 사람들이 아직 잘 모르는 사실 한 가지가 있다. KTX의 경우 5번칸 앞쪽을 살짝 비워 놓았다. 반려견 이동장 등을 놓을 수 있는 자리다. 반려동물을 데리고 타는 사람들을 위한 배려다.

배 · 비행기

해외에 나가거나 섬으로 여행을 갈 때 제일 먼저 할 일은 배로 가느냐 비행기로 가느냐를 결정하는 것이다. 케이지 무게 포함해 7kg 이내인 소형견이라면 견주와 함께 비행기

기내 여행이 가능하다. 그러나 그 이상 되는 반려동물인 경우 화물칸에 실어 나르거나 아니면 배로 여행하는 것 두 가지 중에 하나를 선택할 수밖에 없다. 비행기로 가야 할 상황이라면 미리 항공사에 반려견이 탈 수 있는지부터 확인해본다. 그 다음은 숙소와 렌터카의 반려견 수용 여부를 확인한다. 최근 제주도에 애견 동반 펜션 등이 많아졌다. 미리 예약을 한다면 원하는 날짜에도 가능하다. 렌터카는 반려견과 함께 탈 수 있는 렌터카 회사인지 먼저 알아보는 것이 필수다. 이런 모든 것들을 준비하기 위해서는 최소한 1~2개월 이전부터는 준비하는 것이 좋다. 급하게 닥쳐서 모든 것을 해결하려 하면 잘 되지 않는 경우가 많기 때문이다.

반려동물과 해외여행 준비하기

최근에는 해외여행을 반려동물과 함께 가는 사람들도 늘고 있다. 그러나 해당국의 검역 절차 등이 한국과 다른 경우가 많아 까다롭고 복잡하다. 일본 여행이나 이민을 준비한다면, 우선 검역준비 기간이 약 7개월 이상 걸리기 때문에 기간을 넉넉하게 계획을 짜는 것이 좋다. 이 모든 것을 만족시킬 여유가 된다면 반려견을 데리고 해외여행을 해도 무방할 것이다.

1단계: 출국준비

반려동물을 데리고 출국하려면 입국하려는 국가의 검역조건을 충족해야 하므로, 사전에 입국하려는 국가의 대사관 또는 동물검역기관에 직접 문의하여 검역조건을 확인해야 한다. 광견병예방접종증명서가 필요한 경우 동물병원 수의사와 상의를 하는 것이 우선이다. 반려견 해외여행 준비를 대행하는 업체도 있다. 펫무브 & 로잔동물의료센터 등이 대표적이다.

2단계: 검역증명서 발급 신청

반려동물을 데리고 출국할 해외여행자는 공항에 있는 농림축산검역본부 사무실에 방문해서 아래의 서류를 제출하고 동물검역관의 검역을 받아야 한다. 출발 3시간 전 방문하기를 권장한다.
 ① 동물검역신청서
 ② 예방접종증명서 및 건강을 증명하는 서류(동물병원 등에서 발급하는 건강하거나 가축전염병의 전파 우려가 없다는 사실)
 ③ 입국하려는 국가의 요구사항(요구사항이 있는 경우에 한함)
   ·검역받은 동물에게 가축 전염성 질병의 병원체가 없다고 인정될 경우 검역관이 동물검역증명서를 발급한다.
 ※ 검역수수료는 건당 1만 원이다.

INFO
🏠 항공권 발급 전 여객터미널 3층 중앙(F 체크인 카운터 옆) 동식물 수출검역실
★ 032-740-2660~1

3단계: 항공기 탑승

검역증명서를 발급받은 후 항공사 데스크로 가서 안내를 받아야 한다.
반려동물의 기내 탑승에 관한 자세한 내용은 이용하려는 항공사에 우선 문의한다.

> **TIP**
>
> **반려견과 비행기 타기 전 궁금한 것들**
>
> **Q1 반려견 주인이랑 같이 탑승할 수 있나요?**
> A 케이지 무게 포함해 7kg 이내인 소형견이라면 견주와 함께 비행기 기내 여행이 가능하다. 그러나 비행기 좌석 발밑에 케이지나 이동가방을 두어야 한다. 7kg 이상 되는 반려동물의 경우 화물칸에 실어 나르거나 아니면 배로 여행하는 것 두 가지 중에 하나를 선택할 수밖에 없다.
>
> **Q2 수하물 칸에 있는 반려견은 따로 돌봄을 받을 수 있나요?**
> A 비행기가 일단 출발하면 수하물 칸에 들어가기 때문에 이들을 돌봐줄 사람은 없다. 안타깝지만 이를 참아야 한다.
>
> **Q3 가방에 꼭 넣어야 하나요? 아님 꺼내도 되나요?**
> A 외국의 경우 가방 바깥으로 꺼내도 되지만 우리나라에서는 꼭 가방에 넣어야 한다.
>
> **Q4 항공사별 규정은 동일한가요?**
> A 동물 반입에 관한 항공사별 규정은 모두 다르다. 국내선과 국제선의 경우 반입 규정과 반려견의 무게에 따른 가격도 모두 다르므로 반드시 탑승 전 체크하자.
>
> **Q5 허용되는 강아지 간식 또는 장비가 있나요?**
> A 개껌 등 간단한 간식은 챙겨갈 수 있다.

숙소를 고를 때 알아야 할 몇 가지

숙소를 예약하기 전, 먼저 숙소 관리자와 상의해야 한다. 대형견을 데려가도 괜찮은지, 반려견을 입실시켜도 되는지 등, 사전 협의를 해야 할 필요가 있다. 나중에 오해가 생기는 일이 없도록 충분한 얘기를 나눈 뒤 예약을 결정하는 것이 좋다.

애견전문숙소 vs 애견동반숙소

애견전문숙소는 반려견과 함께 여행하고자 하는 이들에게 가장 추천하고 싶은 숙소이다. 반려견 전용 펜션이기 때문에 주인과 투숙객들의 눈치를 보지 않고 마음 편히 여행을 즐길 수 있기 때문이다. 반려견이 부지 내를 자유롭게 다닐 수 있는 것은 물론 친구를 사귈 수도 있다. 게다가 반려견을 위한 시설과 서비스 역시 잘 갖춰져 있다. 다른 숙박시설에는 반려견의 시설 이용에 제한이 많은 반면, 애견전문숙소는 반려견 용품은 물론 반려견 전용 수영장, 반려견 전용 마당 등을 별도로 운영하는 곳이 많다. 펜션에서 제공하는 애견용품이 반려견에게 맞지 않을 수도 있으니 평소 사용하던 물품을 챙겨가는 걸 추천한다.

애견동반숙소는 반려견과 함께 숙박은 가능하지만, 반려견 전용 숙소는 아닌 곳을 말한다. 애견인이 아닌 일반인을 대상으로 한 숙소로, 펜션 관리자의 재량으로 반려견의 숙박을 허용해주고 있는 곳이다. 그렇기 때문에 당연히 자유도와 편의성 면에서 전문 펜션에는 못 미치는 편이다. 운동장이나 수영장 같은 반려견을 위한 시설이 마련되어 있지 않는 곳도 있고, 다른 손님에게 피해를 주지 않도록 외부선 목줄도 착용해야 한다. 약간의 불편함은 있을 수 있지만, 반려견과 묵을 수 있다는 그 사실만으로도 충분히 매력적인 숙소다.

TIP

애견전문숙소 & 동반숙소, 이런 점이 좋아요
1. 반려견이 마음껏 뛰어놀 수 있는 마당이나 운동장이 있다!
2. 반려견이 목줄 없이 자유롭게 뛰어다닐 수 있다!
3. 수영장이나 계곡이 있는 곳에서는 반려견과 함께 물놀이할 수도 있다!
4. 식기, 배변판, 배변패드 같은 애견용품들이 준비되어 있다!
5. 주인이나 다른 손님들의 눈치를 볼 필요가 없다!

애견전문숙소 & 동반숙소, 이런 점은 주의하세요
1. 숙소를 예약하기 전에 반드시 펜션 관리자와 상의하세요!
2. 반려견 입장이 불가능한 시설이 무엇인지 미리 확인하세요!
3. 객실 밖에서는 반려견의 목줄을 채워주세요!
4. 반려견을 혼자 두고 외출하지 마세요!
5. 숙소에서 요구하는 사항들을 지켜주세요!

호텔을 이용할 계획이라면
호텔의 경우 야외와 또 다른 환경이다. 호텔에 기본 물품은 준비돼 있는 것도 사실이지만, 의외로 디테일한 부분이 빠진 경우도 많다. 사전에 체크를 하는 것은 기본. 수컷의 경우 영역표시를 심하게 하는 경우가 많아 이를 주의해야 한다. 전용 기저귀를 준비해야 할 수도 있다는 점을 명심하자.

반려견이 이용 가능한 시설이 무엇인지 미리 확인해주세요

반려견동반숙소의 경우, 수영장, 바비큐장 등과 같은 펜션 내 공동시설들은 반려견 입장이 불가능한 경우가 많다. 계곡이나 바다에서의 물놀이 또한 금지하는 곳이 있으니, 어떤 시설을 이용할 수 있는지 예약 전에 미리 확인하는 것이 좋다.

반려견의 배변 관리에 신경 써주세요

아무리 배변 훈련이 잘된 반려견도 환경이 바뀌면 실수하는 경우가 있다. 따라서 평소에 쓰던 배변판과 배변패드를 지참하는 것이 좋다. 반려견이 침구나 가구에 실례하는 일이 없도록 주의하자. 만약 피치 못하게 침구나 가구에 실례를 했을 경우에는 그 즉시 관리자에게 알려주는 것이 좋다. 실내뿐만 아니라 실외에서도 반려견의 배변 처리를 책임지는 것은 기본적인 매너다.

야외에서는 목줄을 착용해주세요

펜션 관리자가 허락한 경우를 제외하곤 객실 밖에서는 목줄 착용이 기본이다. 숙소 시설을 망칠 염려가 있고, 투숙객 중 애완견을 싫어하는 사람이 있을지도 모르기 때문이다.

> **TIP**
>
> **무조건 데리고 다니기는 No! 반려견도 휴식이 필요해요**
> 바뀐 환경 때문에 스트레스를 받은 반려견은 평소에 하지 않던 행동을 할 수 있다. 가구를 물어뜯거나, 용변실수를 하거나, 심하게 짖을 수도 있다.
> 이럴 경우 무리하게 모든 여행 일정을 강요하지는 말자. 이럴 땐 머물고 있는 애견 전문 숙소 주인에게 양해를 구해 잠시 돌봄을 부탁하는 것도 방법 중 하나. 반려견이 쉬는 동안 함께 입장이 불가능한 여행지나 맛집을 들르는 것도 현명한 여행 방법이다.

꼭 지켜야 할 기본 펫티켓

아직 우리나라는 반려견 동반 여행이 일상화되어 있지 않다. 이에 대해 부정적 반응을 보이는 사람들이 있는 것도 사실이다. 따라서 견주와 반려견을 위한 기본 펫티켓을 소개한다.

인식표 착용/반려견 마이크로칩 삽입은 필수

반려견 마이크로칩 삽입은 필수다. 유기견이 될 경우 도움을 받을 수 있기 때문이다. 또한 반려견 놀이터 등의 시설을 이용할 때 등록된 반려견만 받는 경우가 많다. 반려견 마이크로칩 삽입은 기본적으로 강아지를 데리고 있는 사람이라면 이미 시행을 한 상태라 봐도 무방하다.

목줄과 입마개 휴대는 필수

반려견을 키우지 않는 사람들은 개에 대한 공포가 있을 수 있다. 너무 크게 짖거나 물릴까 봐 걱정을 하는 경우가 많다. 목줄은 반드시 채워야 하며, 중형견 이상의 경우 입마개도 챙겨가는 것이 좋다.

배변봉투와 물티슈(또는 소변패드) 필수

여행시 배변 처리는 반드시 해야 한다. 패드도 반드시 소지해야 하며, 여러 개의 비닐봉지도 필수다. 혹시나 숙소나 식당에서 소변을 보는 경우에 대비해 물티슈도 챙겨야 한다. 외부에서 많이 걸은 후 실내로 들어왔을 때를 위해 물티슈로 발을 닦아주면 좋다.

돌돌이도 챙기면 좋아요

단모종의 경우 식당이나 숙소에서 털이 떨어질 것에 대비하자. 슥슥 밀며 털과 먼지를 붙이는 소위 '돌돌이'를 챙겨 챙겨가는 것이 좋다.

BONUS
여기도 다녀왔어요!

본문에는 미처 소개하지 못한 반려견 동반 가능 핫플레이스들을 소개한다.
입소문 날까 두려웠던, 우리 반려견만 데려가고 싶었던 비밀스팟 대공개!
함께 여행을 떠났던 사랑스러운 반려견들도 만나보자.

제주도

포코 ♀ 5살

이복돌 ♂ 8살

소다공
INFO 제주도 서귀포시 성산읍 중산간동로 3235
추천 이유 제주도 가면 늘 방문하고 싶은 곳이에요. 셰프님의 반려견 소미, 다미도 만날 수 있어 더욱 반가운 곳이죠. 이곳에 간다면 옥돔파스타 두 번, 세 번 추천합니다. 분위기와 음식 맛이 정말 좋은 곳이에요.

시루네 펜션
INFO 제주도 서귀포시 검은여로 79
추천 이유 저렴한 숙박비와 맛있는 조식 그리고 복돌이가 마음껏 뛰어 놀 수 있는 공간이 있어요. 동물을 사랑하는 주인장의 배려가 곳곳에 녹아 있는 곳이에요.

세봉이 ♀ 9살

콩이 ♀ 16살

쉬다가게
INFO 제주도 서귀포시 안덕면 사계남로21번길 27
추천 이유 주인 부부가 정말 친절하고, 반려견에 대한 배려도 남달라요. 제주도 특유의 정취가 묻어 있고 전체적으로 깔끔해서 머무는 내내 너무 행복했어요.

에코스위츠 펜션
INFO 제주도 서귀포시 중문상로 207-13
추천 이유 푸릇푸릇한 잔디와 수국이 가득한 자연친화적 펜션이에요. 아이들이 자유롭게 뛰어 다닐 공간도 넉넉해요. 맑은 공기와 여유 넘치는 곳이라 힐링하기 안성맞춤이랍니다.

서울·수도권

곤지 ♀ 7살

보스톡
INFO 서울시 서대문구 연희로25길 98
추천 이유 반려견은 무조건 환영! 반려견의 물까지 준비해주는 주인장의 섬세한 배려를 느낄 수 있죠. 카페에서 플리마켓도 종종 열리니 함께 나들이하기 좋아요.

쿤이 ♂ 8살

사르르
INFO 서울시 송파구 삼학사로18길 13
추천 이유 석촌호수를 함께 산책한 뒤 먹는 달달한 팬케이크 어때요? 반려견을 바닥에 내려놓을 수는 없고, 옆에 앉히면 OK. 목줄을 필수로 채워가야 한다는 점 잊지마세요.

데니 ♂ 4살

거북이슈퍼
INFO 서울시 종로구 수표로28길 17-25
추천 이유 데니와 함께할 수 있어서 술맛이 더 꿀맛인 곳을 소개해요. 오징어, 육포, 쥐포 등 건어물과 추억의 옛 과자들을 안주 삼아 맥주를 마시면 술이 쭉쭉 들어갑니다.

토리 ♂ 4살

매봉산
INFO 서울시 마포구 상암동
추천 이유 에너지 넘치는 토리가 가장 좋아하는 산책길 중 하나예요. 오르막이 별로 없고 평탄한 흙길이라 함께 걷기 참 좋은 곳이에요. 특히 비가 온 뒤 흙길을 따라 걸으면 진한 녹음의 향기를 느낄 수 있어요. 실내에서만 갑갑하게 지내던 토리가 이곳에서만큼은 방방 뛰어다닐 만큼 좋아해요. 덩달아 보는 저 역시 행복해져요.

카이 ♂ 3살

아버지의 숲
INFO 경기도 포천시 영북면 산정호수로 558-1
추천 이유 산정호수는 카이와 자주 가는 여행지 중 한 곳이에요. 별다른 장애물 없이 신나게 뛰어 놀 수 있는 공간이라 우리 카이가 제일 신이 난답니다.

봉지 ♂ 2살

울타리
INFO 경기도 고양시 덕양구 충장로 614-49 1층
추천 이유 봉지와 함께 갈 수 있는 캠핑장 스타일의 바비큐 맛집이에요. 반려견 동반 식당 중엔 베스트로 꼽을 만큼 장점이 많은 곳이죠. 무료입장이 가능한 반려견 운동장도 있어서 식사 후 봉지와 함께 놀 수 있답니다.

마루 ♀ 4살

스테레오 키친
INFO 경기도 성남시 분당구 정자일로 146
추천 이유 바비큐 플래터로도 유명하고 반려 동반이 가능한 핫플레이스예요. 반려견과 함께 거닐 수 있는 옥상 공간도 따로 마련되어 있어요. 식당 내부에서는 반려견을 바닥에 풀어놓으면 안돼요.

포코 ♀ 5살

아웃도어키친
INFO 경기도 남양주시 와부읍 경강로 868
추천 이유 캠핑장 컨셉의 식당으로 야외에서 고기를 구워먹는 기분을 만끽할 수 있어요. 애견동반 손님을 위한 공간이 따로 마련되어 있어 옆 손님에게 피해주지 않고 편하게 먹을 수 있어요. 반려견을 위한 산책 공간도 있어 더 좋은 곳이에요.

강원도

둘리 ♀ 15살

덕구 ♂ 7살

삼척 레일바이크

INFO 강원도 삼척시 근덕면 공양왕길 2
추천 이유 반려견과 함께 레저를 즐길 수 있는 곳을 소개해요. 레일바이크를 타며 파도 소리도 함께 들을 수 있어 낭만적이에요. 목줄과 캐리어는 필수로 준비해 주세요.

주문진 글램팽 오토캠핑장

INFO 강원도 강릉시 주문진읍 신리천로 951-9
추천 이유 캠핑장 주변이 숲과 가까워 덕구가 참 좋아했어요. 텐트 앞 작은 공간에 난로를 피우면 따뜻해서 반려견들과 아늑하게 있기 딱 좋아요. 야외에서 반려견과 함께 바비큐를 해 먹을 수 있다는 게 큰 장점이에요.

율무 ♀ 6살

콩이 ♀ 2살

휘게리 홍천 하우스

INFO 강원도 홍천군 화촌면 구룡령로 1472-30
추천 이유 모든 객실이 독채로 이루어져 있어 반려견과 더 편하게 쉴 수 있어요. 산책로가 따로 구비되어 있어 반려견과 함께 걷기 좋아요. 저녁에 산책로를 따라 걸으면 밤하늘에 총총 뜬 별도 감상할 수 있죠. 모든 동이 반려견 동반이 되진 않으니 예약 시 꼭 따로 문의하는 거 잊지마세요.

경포대 해수욕장

INFO 강원도 강릉시 안현동 산1-1
추천 이유 아이들과 함께 공놀이할 수 있는 드넓은 곳을 찾는다면, 단연 이곳을 추천합니다. 멋진 조형물로 가득한 유명한 해변이지만 겨울에 방문하면 인파가 적어 여유로워요. 자연에서 함께 뛰어놀며 시간을 보낼 수 있는 것이 장점이랍니다.

경상도

박공룡 ♂ 3살

당금마을
INFO 경상남도 통영시 한산면 당금길
추천 이유 백패킹 성지라 불리는 곳. 앞으로는 바다, 뒤로는 산이 펼쳐진 그야말로 그림 같은 곳. 통영 대매물도의 당금마을입니다. 잔디 운동장이 있어 강아지들이 뛰어놀고 산책하기에 정말 좋아요. 야외 활동을 즐기는 반려견에게 추천해요.

팡이 ♀ 3살

알로이삥삥
INFO 부산시 수영구 민락수변로 127
추천 이유 반려견과 함께 광안대교를 한눈에 볼 수 있는 태국 음식점을 소개해요. 멋진 뷰는 물론이고 음식도 맛있어서 자주 가는 곳이에요. 반려견 물을 따로 요청하면 바로 제공해준답니다.

잔디 ♀ 8살

앙드레
INFO 부산시 수영구 광안해변로 307번길 45
추천 이유 아이들과 함께 고급스런 브런치를 맛끽할 수 있는 곳이에요. 반려견을 키우시는 카페 사장님 덕분에 반려견 동반이 가능하고요. 공간이 협소해 아이들을 풀어 놓긴 조금 어렵답니다.

이복돌 ♂ 8살

로하스 펜션
INFO 경상북도 영덕군 영덕읍 매령길 375
추천 이유 펜션단지가 넓어서 반려견 동반 입장 및 투숙이 가능한 곳이 따로 있어요. 반려견 운동장과 용품까지 구비되어 있어서 방문했던 숙소 중에서 베스트로 꼽았답니다.

전라도

둘리 ♀ 15살

봉지 ♂ 2살

죽녹원
INFO 전라남도 담양군 담양읍 죽녹원로 119
추천 이유 반려견과 함께 시원한 대나무 사잇길을 산책할 수 있는 장소예요. 중간 중간 의자가 있어 쉬어갈 수 있고, 포토존이 많아 인생샷 남기기 최고랍니다.

명성 다이닝
INFO 광주시 광산구 풍영정길 275-9
추천 이유 반려견과 함께할 수 있는 양식 레스토랑이에요. 1층은 일반 손님들을 위한 공간이고, 2층은 반려견 동반 가능 자리예요. 테라스를 크게 두어 강아지들을 풀어 놓고 편히 식사를 할 수 있어요.

충청도

표지에서 활짝 웃는 사랑스러운 강아지가 바로 저예요!

카키 ♂ 6살

써니 ♀ 12살

용비지(용유지)
INFO 충청남도 서산시 운산면 용현리
추천 이유 반려견과 함께 풍경을 만끽하러 종종 가곤 해요. 함께 뛰어놀 수 있는 넓은 들이 있고, 사진을 남기기 좋은 배경도 많거든요.

로스트포크
INFO 충청북도 청주시 청원구 오창읍 2산단로 184
추천 이유 캠핑장 분위기로 꾸며 놓은 청주의 핫플레이스예요. 식당 내부에 반려견 동반 손님들을 위한 공간이 따로 마련되어 있어요. 반려견을 바로 옆에 두고 식사를 할 수 있어 안심이 돼요.

Photo by Hyunju Kim

PART 1 제주도

사람은 서울로 보내고 말은 제주로 보내라 했다. 그런데 이제 세상이 바뀌어 사람도 강아지도 제주도로 가고 싶어 한다. 세상 어디서도 찾을 수 없는 제주만의 독특한 매력이 있기 때문이다. 최근 제주에는 반려동물을 수용할 수 있는 카페와 숙소가 급격히 늘어나고 있다. 사랑하는 반려동물과 함께 제주 여행을 떠나보자. 여차하면 한달 살지, 맘에 들면 눌러앉기!

제주도 Place 1

세계 · 자연유산마을

월정리해변

　연한 하늘색 바다를 배경으로 멋진 인생샷을 찍을 수 있는 월정리해변은 세계 자연유산을 품고 있는 지역이다. 김녕과 세화바당의 중간쯤에 자리잡은 이곳은 김녕-월정지질트레일 코스에 속해 있다. 김녕-월정지질트레일은 마을길을 따라 걷는 '드르빌레길', 바닷가를 따라 걷는 '바당빌레길'로 이루어진 약 14.6km의 걷기 길이다. 이국적인 바다색과 해안가의 드라이브 코스가 어우러져 최근 각광을 받고 있다. 또 카페거리가 조성되면서 더 많은 관광객들이 몰려들고 있는 핫플레이스기도 하다. 월정리는 인근 지역에 천연기념물 제384호인 당처물동굴을 비롯한 용암동굴, 용암이 분출해 퇴적층을 덮으면서 넓은 용암대지를 형성한 '빌레지대' 등 다양한 지질자원을 둘러볼 수 있다.

INFO

🏠 제주도 제주시 구좌읍 해맞이해안로 480-1
★ 064-728-3394
⚙ www.visitjeju.net

월정리 앞바다를 찾은 반려견 '빈과 슈'가 의자 위에서 포즈를 취하고 있다.

환상적인 바다 색을 배경으로
하얀 백사장을 뛰어노는 빈과 슈

제주도 Place2

에메랄드빛 바다가 넘실!
김녕성세기해변

김녕성세기해변은 아름다운 바다색이 예술인 곳이다. 주변 환경도 훌륭해 반려동물과 함께 나들이하기 좋은 곳으로 손꼽히고 있다. 원래 성세기해변으로 불리다가 김녕해수욕장으로 이름이 바뀌었다. 이 해변은 외세의 침략을 막기 위한 아주 작은 성이 있었다고 해서 이름을 얻었다. 제주 올레길 20코스 바로 앞이다.

INFO
- 제주도 제주시 구좌읍 김녕리 김녕해수욕장
- 064-728-7783
- www.visitjeju.net

제주도 Place3

150여 종의 허브와 야생화

제주허브동산

이곳에는 제주 특유의 기후 덕분에 2만 6천 평의 부지에 약 150여 종의 허브와 우리 토종 야생화가 자생하고 있다. 각양각색의 정원과 작은 동산들부터 체험감귤농장까지 다양한 테마공원이 조성돼 있으니 취향껏 돌아다니자. 허브를 소재로 한 숍과 카페도 있어 힐링하며 편안하게 즐길 수 있다.

INFO
🏠 제주도 서귀포시 표선면 돈오름로 170　★ 064-787-7362　⚙ herbdongsan.com
🕐 매일 09:00~22:00 (주간 17:30까지)
👤 성인(주간) 1만 원, 군경/경로/장애인/청소년(주간) 8천 원,
　 어린이(주간) 7천 원, 성인(야간) 1만 2천 원

1 저녁이면 300만개의 LED가 장관을 이룬다.
2 허브동산을 따라 산책하기 좋다.

제주도 Place 4

조용하고 인적 드문 길
정석비행장 벚꽃길

정석비행장은 제주도 서귀포시 표선면 가시리 제동목장 인근에 있는 비행장이다. 현재는 한국항공대학교의 비행 훈련 장소로도 사용 중이다. 비행장은 일반인의 출입이 통제되지만, 근처 벚꽃길이 최근 인기를 얻고 있다. 조용하고 인적 드문 이 길은 봄을 맞아 활짝 피는 벚꽃들로 환상적인 모습을 연출한다. 인근의 오름들을 배경으로 두고 반려동물들과 벚꽃길을 거닐어보자. 정식 주차장이 있는 곳은 아니므로 중간중간 임시주차장처럼 쓰이는 공터에 주차한 뒤 벚꽃길을 즐기면 된다. 비행장 가는 길에는 유채꽃밭이 넓게 펼쳐진 곳도 있다. 시기를 잘 맞춰 간다면 벚꽃과 유채꽃이 함께 어우러진 장관을 만날 수도 있다.

1 갑마장이 있던 가시리 목장 자리에 들어선 '조랑말 체험공원'에서는 제주도 조랑말을 타볼 수도 있다.
2 표선면 가시리 정석비행장 벚꽃길

INFO
🏠 제주도 서귀포시 표선면 가시리 산 87-21

제주도 Place5

이곳에 가면 내 개도 드라마 주인공!
섭지코지

섭지코지의 유채꽃밭에서 성산일출봉을 배경으로 기념사진을 남겨보자. 섭지코지는 코지 즉, '곶'을 의미하는 제주 방언에서 따온 말이다. 코끝 모양처럼 비죽 튀어나온 지형이 서귀포시 성산 해안에 돌출되어 있다. 섭지코지 여행의 하이라이트는 코지 끝 언덕 위에 올라 유채꽃 물결 사이를 거닐며 성산일출봉의 장관을 마주하는 것이다. 이곳 유채는 푸른 바다와 어우러져 다른 어느 곳보다 선명하다. 그러나 워낙 유명한 관광지다 보니 사람이 항상 많다. 사람이 몰리는 곳에서는 반려견을 안고 다니거나 안전에 각별히 유의하고, 인적이 비교적 한산한 안쪽 길까지 거닐어보자.

INFO
- 제주도 서귀포시 성산읍 섭지코지로 107
- 064-740-6000 www.visitjeju.net
- 승용차 1천 원, 승합차 2천 원

유채꽃밭과 푸른 바다가 어우러진 섭지코지

제주도 Place6

효리를 만날지도 모르는 오름

금오름

 금오름은 효리네민박에 나오면서 유명세를 탄 곳이다. 그러나 제주의 어느 오름이든 반려견과 동행이 가능하다는 사실! 금오름 주차장에 10여 대의 주차공간이 있다. 만약 캠핑카를 빌린다면 금오름 주차장에 캠핑카를 세워두고 오름 탐방에 나서도 좋다. 억세경관이 아름다운 곳이다. '금악담(今岳潭)'이라 불리는 산정화구호가 있었던 이곳은 무엇보다 그리 어렵지 않게 오를 수 있다는 것이 가장 큰 장점이다.

반려견과 산책하기에 그만인 금오름

INFO
제주도 제주시 한림읍 금악리 산1-1

제주도 Place 7

국내 유일의 청정목장
성이시돌 목장

아일랜드 출신의 패트릭 제임스 맥그린치 신부가 가난한 제주도민들의 경제적 자립을 위해 한라산 중산간 지대의 드넓은 황무지를 목초지로 개간해 1961년 개장한 곳이다. 구제역, 브루셀라 등 젖소의 전염병이 발생하지 않은 국내 유일의 청정지역이다. 깨끗한 천연 암반수와 맑은 공기의 자연 속에 젖소를 방목하는 동물복지 목장으로 유명하다. 또한 무항생제, 무화학비료, NON-GMO, 유기농법을 실천하는 자연친화적 유기농 목장으로, 옛날 방식으로 투명한 유리병에 판매하는 저온살균 우유가 고소하고 맛있다.

성이시돌 목장 곳곳에서 포즈를 취하고 있는 반려견들

INFO
🏠 제주도 제주시 한림읍 산록남로 53 ★ 064-796-0396 ⚙ instagram.com/uyubudan
📄 성이시돌목장 내에 위치한 카페 '우유부단'은 목장의 유기농 우유를 활용한 아이스크림과 밀크티를 판매한다.

제주도 Place8

쪽빛 바다가 그대로 보여요!
애월 카누

쪽빛 바닷속을 투명하게 들여다보고 싶다면 애월카누를 추천한다.

애월해안의 투명 카누는 쪽빛 바닷속을 투명하게 들여다볼 수 있어 재미가 몇 배가 된다. 게다가 반려동물과 함께 탈 수 있다. 다만 강아지들은 본능적으로 배 타는 것을 불안해하니 주의가 요구된다. 또한 카누 특성상 바닷물에 바닥이 젖게 돼 있으므로 타월을 준비하는 것이 좋다.

INFO

🏠 (애월한담공원)
제주도 제주시 애월읍
애월로 11 (애월리 2467)

★ (제주관광정보센터)
064-728-3394

⚙ www.visitjeju.net

제주도 추천 여행지

작지만 알차다!
제주김녕미로공원

끝을 알 수 없는 미로는 두렵지만 매력적이다. 제주에는 그 두려움을 살짝 없애고 흥미를 더욱 강조한 미로공원이 여럿 있다. 그중에서 김녕미로공원은 우리나라 최초로 조성된 미로공원이다. 미국인으로 국립제주대학교에서 객원 교수를 하며 제주생활에 매료됐던 미국인 프레드릭 에이치 더스틴(Fredric. H. Dustin)이 자신의 전 재산을 다 털어서 만든 곳으로, 1987년부터 손수 나무를 심고 흙을 붓고 물을 뿌려 나무를 키워 가꿨다. 미로 디자이너 에드린 피셔가 제주 섬 모양으로 디자인했다. 길고양이의 천국으로 고양이를 이동식 가방에 넣고 출입할 수 있어 애묘인들에게 인기를 끌고 있는 곳이다. 아쉽게도 강아지는 출입이 안 된다.

INFO
🏠 제주도 제주시 구좌읍 만장굴길 122 (김녕리 산 16)　★ 064-782-9266　⚙ jejumaze.com
🕘 9:00~18:30 (17:50 입장 마감)　👤 성인 2천2백 원, 청소년3천3백 원, 어린이 2천2백 원

제주도 Eat & Drink1

제주서 만나 결혼에 골인한 사장님이 차린

주네가네

　제주 동부 해안도로를 따라 달리다 보면 아름다운 월정바당이 나온다. 월정바당은 바다 색깔이 예술인 곳이다. 이곳에 카페 내부는 작지만 알찬 주네가네가 있다. 5년 전 월정리에 있는 게스트하우스에서 만난 두사람이 결혼을 하고 각각의 이름을 따서 핸드메이드 카페 주네가네를 열었다. 남자 사장님은 핸드폰개발자, 여자 사장님은 학원강사였다. 도시 생활이 지겨워 과감히 정리하고 제주로 향했던 것이 오늘에 이르렀다. 결국 삶은 같은 것인가 보다. 살다 보니 살아가는 건 도시와 큰 차이가 없었고, 힘든 것도 많았다. 그런데 제주도 자연과, 바다를 보고 있으면 그게 다 이해되는 곳이라 어려움을 견딜 수 있었다 한다. 아직도 일하다가 앞에 보이는 바다색과 하늘색에 감탄하고 예쁘다를 백 번도 넘게 말하며 일하고 있다고. 대형견은 수용이 어렵고 소형견 동반은 가능하다. 다른 손님에게 피해가 가지 않게 안고 있어야 한다. 외부 자리도 다른 고객들을 위서 에티켓 목줄은 해야 한다.

1 동백돌담쉐이크 등 특색 있는 음료가 많다.
2 해안을 감상할 수 있는 작은 테라스

INFO

🏠 제주도 제주시 구좌읍 행원로7길 23-6　★ 010-9078-5238　🕐 10:00~20:00 (월요일 휴무)

📄 제주동백돌담쉐이크, 제주바다위에 구름 스무디, 치즈이불 핫도그, 주네가네 핫도그 등

제주도 Eat & Drink2

마당과 작은 텃밭이 주는 소박한 행복
묘한상점

주인장이 제주에 오고 길냥이 두 마리를 입양하며 고양이에 관심을 갖게 돼 만든 장소. 고양이 캐릭터의 생활잡화와 카페를 겸하고 있다. 고양이는 물론 개, 소, 말, 양 등 모든 동물을 사랑하는 주인장은 반려동물과 함께라면 더욱 환영한다. 차가 많이 다니지는 않지만 앞이 차도라 목줄은 필수다. 편하게 즐길 수 있는 마당과 작은 텃밭이 있으니 이곳에서 반려견과 함께 한적한 제주 시골 마을의 여유를 즐겨보자.

INFO
- 제주도 서귀포시 성산읍 시흥상동로 87 (올레1코스 시작점 버스정류장 앞)
- 010-3311-0525
- instagram.com/myohansangjeom _myohancafe
- 10:30~19:00 (비정기적 휴무. 인스타그램 확인 필수)
- 제주명품 더덕요거트스무디, 묘한에이드, 드립커피 등

고양이에 대한 주인의 사랑이 내부 곳곳에 가득 느껴진다.

제주도 Eat & Drink 3

귤밭을 끼고 있는 작은 카페

귤꽃

귤밭을 끼고 있는 아담하고 소박한 카페. 현지의 오래된 농가 건물을 리모델링해 친근함과 푸근함을 선사한다. 마당이 있어 반려견을 동반하기 좋다. 물론 카페 내외부에서 배변은 확실하게 가려야 한다. 시기를 잘 맞추면 감귤따기 체험도 가능하다.

INFO
- 제주도 제주시 조천읍 함덕2길 90 ★ 064-784-2012
- baking puppy.blog.me/221118131836 10:30~19:00 (수·목 휴무)
- 찹쌀쑥이와플, 아메리카노 등

귤꽃 카페 마스코트 오광이.
덩치는 크지만 순하고 사람을 잘 따른다.

제주도 Eat & Drink4

100년 농가의 그윽한 분위기
농띠

반려견과 함께 산책하기 좋은 김녕성세기해변 인근 길목에 자리잡은 농가를 개조한 카페. 적어도 100년은 족히 묵은 농가에 여러 가지 아기자기한 소품들을 배치해 멋스럽다. 뒤편에는 작고 예쁜 마당이 자리잡고 있으며 카페에도 작은 강아지가 살고 있다. 커플 자전거도 마련돼 있어 즐거운 시간을 보낼 수 있다.

INFO
- 제주도 제주시 구좌읍 김녕항3길 18-16 (김녕리 4001)
- 010-3012-1252
- 10:00~19:00 (휴무 미정)
- 아인슈페너, 구름라떼 등

| 제주도 Eat & Drink5 |

말고기를 먹을 수 있는 곳
말이

제주 말고기 튀김을 먹을 수 있는 수제 튀김 전문 식당이다. 규모는 작으나 센스 있는 곳으로 세계 맥주가 다양하게 자리를 차지하고 있다. 반려동물과 함께 이용할 때는 야외 테이블을 사용해야 한다. 주인들이 원래 동물을 많이 사랑한다.

INFO
- 제주도 제주시 구좌읍 세화1길 40 (세화리 3643-3)
- 010-7146-4567
- 12:00~22:00 (수요일 휴무), 평일 17:00~18:00 브레이크타임
- 김말이모듬, 제주말고기튀김 등

제주도 Eat & Drink6

제주에서 가장 유명한 반려견 동반 카페
오데뜨

제주에서 가장 유명한 반려견 동반 식당 가운데 한 곳으로, 애월에 위치해 있다. 반려견 동반 펜션도 운영하고 있다. 육지에서 반려견 카페와 반려견 훈련을 하던 부부가 제주에 내려와 차린 곳이다. 10kg 미만의 강아지만 실내 입장이 가능하다.

INFO

🏠 제주도 제주시 애월읍 애원로 289 (상가리 2007-4) ☎ 064-799-2748
⚙ blog.naver.com/odett-jeju 🕐 11:00~19:00 (브레이크 타임 없음, 월요일 휴무, 예약 불가)
📋 전복볶음밥, 전복크림우동, 카레우동 등

제주도 Eat & Drink7

제분소 건물 위에 커피 향이 솔솔
앤트러사이트

공장을 리모델링한 카페로 유명한 앤트러사이트가 서울에 이어 제주 한림점도 오픈했다. 건물이 특이해서 물어보니 제분소였던 공장을 개조한 것이라 한다.

INFO
🏠 (제주 한림점) 제주도 제주시 한림읍 한림로 564 (동명리1715)
★ 064-796-7991　🕐 10:30~19:00　📄 아메리타노, 레몬티 등

제분소 공장을 개조해 만든 유니크한 분위기의 카페 앤트러사이트

제주도 추천 맛집

해녀들이 운영하는 맛집
회국수 명가 해녀촌

해녀들이 직접 운영하는 집이다. 바닷가 특유의 투박하지만 상큼한 맛이 살아 있는 특제 고추장 소스가 매력적이다. 두툼하게 썰어져 나온 회를 국수와 비벼 먹으면 바다향이 입안에 가득하다.

INFO
🏠 제주도 제주시 구좌읍 동복로 33 ★ 064-783-5438
🕘 09:00~19:00 (명절 연휴 휴무) 📄 회국수, 성게국수, 한치국수 등

오분자기 해장국 '엄지척'
장수해장국

오분자기가 들어간 해장국 이외에 뼈해장국과 두루치기가 유명한 곳이다. 뼈해장국은 고기 양이 엄청나다. 특히 국물이 진국이어서 밥을 말아먹기 좋다. 가게 바로 앞에 주차공간도 여러 곳이 있어 아침 일찍 식사를 하고자 하는 사람들에게 편리하다.

INFO
🏠 제주도 서귀포시 동홍로 46-5 ★ 064-763-4520 📄 해장국 등

아직도 여길 모르시나요
죽림횟집

현지인들이 잘 가는 동네의 횟집에서 관광객들이 몰리는 횟집으로 변한 케이스. 다양한 밑반찬들이 끊임없이 나오는데, 어디 내놔도 빠지지 않을 수준이다.

INFO
- 제주도 서귀포시 솔동산로 5-1　★ 064-733-7688　🕐 11:30~22:00
- 모듬회(소), 전복죽, 회덮밥 등

공항 내리면 코앞
제주 유리네

공항 바로 앞의 작은 밥집에서 시작해 명성을 쌓아 제주에서 한 번쯤 찾지 않으면 안 되는 곳으로 성장한 곳이다. 제주공항에 내리면 반드시 거쳐 가는 길목에 있어 편리하게 이용할 수 있다. 성게미역국 등은 꼭 한번 맛봐야 할 먹거리로 손꼽힌다.

INFO
- 제주도 제주시 연북로 146 (연동 427-1)
- ★ 064-748-0890　🕐 09:00~21:00 (명절 연휴 휴무)
- 갈치조림, 고등어조림, 성게미역국 등

제주도 Accommodation 1

이국적 풍경의 잔디정원이 매력
오월의제주 펜션

쇠소깍, 올레 5코스 등이 있는 서귀포 남원읍에 위치한 오월의제주 펜션. 이곳은 이국적인 풍경의 잔디정원을 자랑한다. 수많은 야자수로 꾸며진 넓은 잔디마당은 마음까지 편안하게 해준다. 펜션 건물이 넓은 감귤밭으로 둘러싸여 있어 객실 창을 통해 감귤밭을 조망할 수 있다. 아침에 일어나 창 너머로 감귤밭을 바라보면 비로소 제주에 왔음을 느끼게 된다. 객실 역시 넓고 깔끔한 시설과 나무로 된 인테리어를 갖추고 있다. 바비큐는 앞마당에 설치된 파라솔 혹은 실내 바비큐장에서 즐길 수 있다. ATV를 무료로 체험할 수도 있어서, 시원한 바람을 맞으며 짧은 드라이브를 즐기기 좋다.

INFO

🏠 제주도 제주시 남원읍
남원월산로74번길 101-28
(남원리 1188-3)

★ 064-764-7300
010-3560-4801

⚙ mayjeju.com

🚩 소형견만 동반 가능
객실당 최대 2마리 가능
1마리당 1만 원 부과

🕒 입실 15:00~퇴실 10:00

제주도 Accommodation2

접근성이 최고

그린사이드 펜션

정원수와 돌담 등이 인상적인 콘도형 민박 펜션이다. 중문관광단지와 서귀포 앞바다가 한눈에 내려다보이는 곳으로 각 49.5㎡와 99㎡ 규모의 넉넉한 객실이 특징이다. TV, 냉장고, 에어컨, 전기밥솥, 각종 취사도구와 욕실용품, 깨끗한 침구류를 꼼꼼하게 갖췄다. 중문관광단지 입구에 있어 관광단지 내부 시설을 도보로 이용할 수 있으며, 제주컨벤션센터, 롯데호텔, 신라호텔, 중문과도 1~2분 거리에 있어 편리하게 오고갈 수 있다. 펜션 앞마당에 하귤과 감나무로 조성된 넓은 정원이 있어 제철에 가면 과실을 따 먹을 수 있고 멋진 사진을 남길 수도 있다. 우리나라 최남단 섬 가파도와 형제도 등 남쪽 섬들과 산방산을 여행할 때 거점 숙소로도 충분하다. 일급호텔과 같은 어메니티를 제공해 사용자들을 쾌적하게 하고 있다.

INFO

- 제주도 서귀포시 천제연로 51 (색달동 2538번지)
- 064-738-0074
  010-4690-7109
- greensideps.com
- 소·중형견 동반 가능
  객실당 최대 2마리 가능
  1마리당 1만 원 부과
- 입실 14:00~퇴실 11:00

제주도 Accommodation3

자연 속의 고요한 통나무집
웨스티하우스 펜션

수공식 통나무 건물이 자연과 어우러진 웨스티하우스는 정원이 아름답기로 유명하다. 야자수, 현무암, 과실나무 등으로 꾸며진 정원은 반려견과 산책하기에도 충분할 만큼 넓은 크기를 자랑한다. 정원을 따라 내부로 들어서면 주황빛 지붕의 통나무집들이 늘어서 있다. 모든 객실은 복층형 구조의 독채로 되어 있어 이곳에 머무는 시간 동안 프라이버시를 보장해준다. 객실의 인테리어 역시 통나무로 멋스럽게 꾸며져 편안하고 아늑한 분위기를 자아낸다. 각각의 객실에서 독립적인 바비큐를 즐길 수 있다.

INFO
- 제주도 서귀포시 안덕면 일주서로 1488번길 9 (감산리 210-5)
- 064-792-2933
- 010-8869-7104
- westiehouse.co.kr
- 반려동물 동반시 청소비 (퇴실일 기준) 1만 원 부과
- 입실 15:00~퇴실 11:00

복층 구조의 펜션은 멋스럽고 독채로
되어 있어 프라이버시가 보장된다.

1 펜션 옆의 귤밭
2 한적한 분위기로 야경을 즐기기에도 그만이다.

펜션 정원서 주운 솔방울들

3 정원에서 바다가 바로 보인다.

제주도 Accommodation4

푸른 소나무와 감귤밭의 조화
파인빌 펜션

제주도를 떠올리면 연상되는 이미지 가운데 하나가 바로 귤밭이다. 노랗고 통통한 귤이 달린 나무는 큰 낭만으로 다가온다. 제주 파인빌 펜션은 감귤밭으로 둘러싸인 유럽풍의 숙소다. 게다가 서귀포 해변을 바로 앞에서 볼 수 있는 3층짜리 대형 펜션이다. 침대가 설치된 객실은 사방에 창문이 있어서 바람이 잘 통하고 시원하다는 평가를 받는다. 요리를 해먹을 수 있도록 부엌 시설도 완벽하게 갖췄다. 특히 일반적인 펜션과 달리 대형 냉장고가 있어 채소나 고기 등 부식이 들어갈 공간이 충분하다. 예약을 하면 1객실당 2명은 무료로 조식을 먹을 수 있다. 조식으로 제공되는 전복죽 이외에 반찬으로 제공되는 오징어 젓갈이 맛나다고. 바비큐 테이블 위에 검은색 돌판이 있어 화로를 놓을 수 있게 돼 있다. 바비큐를 요청하면 화로를 서비스해준다. 반려견 동반 시 1만 원을 따로 내야 하는데, 이 비용은 전액 제주도의 유기견들을 위해 쓰인다고 한다. 해마다 제주도로 놀러 온 사람들에게 유기되는 강아지도 적지 않다고 하니 생각해볼 만한 문제다.

INFO

🏠 제주도 서귀포시 칠십리로 376 (보목동 1464) ★ 064-732-8111, 010-3639-2060

⚙ pinevill.com 📄 소·중형견 동반 가능, 객실당 최대 2마리 가능, 1마리당 1만 원 부과

🕐 입실 15:00∼퇴실 11:00

제주도 Accommodation5

모던한 인테리어가 눈에 띄는
포시즌 펜션

제주 최대 휴양지인 중문관광단지 내에 있는 펜션이다. 제주도로부터 6년 연속 우수관광사업체로 지정된 곳인 만큼 서비스가 남다르고 만족도가 높다는 평가다. 포시즌 펜션은 서귀포 앞바다 바로 앞의 3층짜리 대형 펜션이다. 서귀포 칼호텔 바로 옆의 포시즌 펜션은 교통이 그만큼 편리하다. 서귀포 칠십리 앞바다와 그 주변 섬들이 한눈에 바라다 보인다. 특히 바닷가임에도 불구하고 소나무 숲이 근처에 있어 상쾌함을 전해준다. 공동세탁실에서는 세탁기와 건조기 사용도 가능하다. 천지연폭포와 외돌개, 여미지 식물원, 주상절리 등이 주변에 있어 여행에도 편리하다.

INFO
- 제주도 서귀포시 칠십리로 285번길 3 (토평동 636)
- 064-732-5222
- 010-7186-0379
- fourseason365.com
- 5kg 미만 소형견만 동반 가능
  객실당 최대 1마리 가능
  1마리당 1만 원 부과
- 입실 14:00~퇴실 11:00

제주도 Accommodation6

고전적인 느낌의 목조주택
신신휴양 펜션

비교적 저렴한 가격으로 이용할 수 있는 펜션이다. 입구에서 맞이하는 아기자기한 장독대부터 무공해채소를 맛보고 체험할 수 있는 작은 채소밭과 감귤나무까지, 제주 시골집에 놀러온 듯 정겨운 느낌을 준다. 목조형, 원룸형, 민박형 등 다양한 테마의 숙소가 있으며, 내부는 깔끔하게 꾸몄다. 제주도의 맑은 지하수를 이용한 어린이수영장과 야외 바비큐장, 캠프파이어장 등의 부대시설을 갖췄다. 인근에 소인국테마파크, 분재예술원, 차귀도 등 관광지들이 산재해 있고, 산림욕과 산책을 할 수 있는 코스도 마련되어 있다.

INFO
- 제주도 서귀포시 안덕면 평화로319번길 133 (덕수리 1476)
- 064-794-5834
  010-8663-5834
- pension24.co.kr/h/sinsin
- 소형견만 동반 가능
  객실당 최대 2마리 가능
  1마리당 1만 원 부과
- 입실 14:00~퇴실 10:00

제주도 Accommodation 7

개와 함께 휴식하는
맘앤도그 펜션

맘앤도그 펜션은 제주도의 조용한 시골 마을에 위치해 있다. 독채마다 개별 잔디정원을 갖추고 있고, 각 독채의 뒷마당에서 바비큐를 즐길 수 있어 프라이버시가 보장된다. 단, 바비큐에 필요한 그릴과 숯은 직접 구매해 와야 하고, 야외에 설치되어 있기 때문에 우천 시에는 이용할 수 없다. 각각의 객실은 쾌적하고 넓은 환경을 제공한다. 특히 내부 인테리어가 모던하고 깔끔해 눈길을 사로잡는다. 객실 내에는 배변판, 배변패드, 애견식기, 애견빗 등 반려견을 위한 용품도 비치되어 있다. 전문장비가 갖춰진 스튜디오나 제주도의 멋진 장소에서 반려견의 스냅사진도 찍어준다. 단, 촬영 사전 문의는 필수다.

INFO

🏠 제주도 제주시 구좌읍 송당4길 5 (송당리 1376-13)
⭐ 010-8378-9868
⚙ mamanddog.com
📄 소·중·대형견 동반 가능, 2박 이상만 예약 가능. 애견용품(배변판, 배변패드, 애견샴푸, 목욕수건, 애견식기, 애견빗), 반려견 스튜디오 스냅사진 촬영 서비스(이용 시 사전 문의)
🕐 입실 15:30~퇴실 11:00

제주도 Accommodation8

해변에 착륙하다

UFO 펜션

'바닷가에 UFO가 착륙했다!' 이런 문구가 어울릴 만한 외형을 가진 특이한 숙소다. 바로 제주 애월 해변에서 만날 수 있는 UFO 펜션이다. 특히 저물녘이나 새벽 어스름에 불빛을 발하고 있는 UFO 펜션을 보는 것은 특이한 경험이다. 호기심에서 숙박을 하는 사람도 있을 정도니 말이다. 반려견과 함께 스스로 UFO 속으로 걸어 들어가보면 어떨까? 2층은 펜션으로 운영 중이며 1층은 음료 등 간단한 먹거리를 판매한다. UFO 펜션의 장점은 전 객실 뷰가 좋다는 것이다. 그도 그럴 것이 원형이기 때문에 모든 방향에서 좋은 풍광을 즐길 수 있다.

INFO
- 제주도 제주시 애월읍 애월해안로 765 (구엄리 505)
- 064-744-0600
- jejuufo.co.kr
- 소형견 1마리만 동반 가능 1마리당 1만 원 부과 예약은 전화로만 가능
- 입실 14:00~퇴실 11:00

제주도 Accommodation9

반려견과 함께 인생샷 추가!

제주사진집 게스트하우스

게스트하우스 제주사진집은 카페와 스튜디오를 갖추고 있는 인생샷 전문 게스트하우스다. 사진 전문가인 주인장이 여행객의 사진을 촬영해주기도 한다. 빈티지한 인테리어를 자랑하는 이곳은 가격도 저렴하다. 반려견과 함께 지낼 수 있는 애견 동반실이 마련돼 있다. 반려견을 동반할 경우 1만 원을 더 내면 된다.

INFO

🏠 제주도 서귀포시 안덕면 화순리 1369-5
★ 010-9144-4496
⚙ blog.naver.com/starhamlet
🕓 입실 16:00~퇴실 11:00

1 고즈넉한 분위기를 자아내는 입구.
2 넓고 트렌디한 내부가 인상적이다.
3 제주의 푸른 바다를 닮은 포인트 컬러가 눈길을 사로잡는다.

PART 2 서울·수도권

사실 반려동물을 데리고 지방으로 여행을 가기는 아직 어렵다. 그러나 서울을 위시한 수도권은 이제 달라졌다. 반려동물을 데리고 갈 수 있는 곳이 많이 늘었고, 반려동물을 위한 공간도 폭발적으로 증가하기 시작했다. 예전 같으면 상상도 하지 못했을 생활의 변화다. 반려동물 중심의 라이프스타일로 변화 중인 서울과 수도권의 핵심 지역 몇 곳을 소개한다.

서울

SEOUL

| 서울 Place1 |

반려견 나들이에 최적화
서울 대표 반려견 놀이터 4곳

2018년 4월 기준 서울시에 있는 반려견 놀이터는 총 네 군데다. 2013년 광진구 어린이대공원에 1호 반려견 놀이터가 생긴 후로 마포구 월드컵공원, 동작구 보라매공원, 그리고 최근 도봉구 초안산 근린공원에 차례로 생겼다.

반려견, 반려인 모두 무료로 입장할 수 있지만 몇 가지 제한이 있다. 네 곳 모두 동물 등록을 마친 반려견만 입장 가능하며, 리드줄과 배변 봉투도 필수다. 안전사고 예방을 위해 14세 이하의 어린이는 반드시 보호자 동반 하에만 놀이터에 입장할 수 있다. 맹견종에 속하거나 발정기인 반려견, 또는 질병이 의심되는 반려견은 입장이 불가하다.

서울시가 관리하는 반려견 놀이터는 모두 월요일 휴무다. 겨울철(11월~2월, 도봉구는 12월~2월)은 운영하지 않으며 우천 시에도 놀이터 운영이 중단되니 전화 문의 후 출발하는 것이 좋다. 도봉구 반려견 놀이터는 2017년에 신설된 곳으로, 서울시 동물복지활성화 사업에 선정되어 조성된 서울 자치구 최초의 공공 반려견 놀이터다. 반려견 체격에 따라 놀이터가 분리돼 안전하게 시설 이용이 가능하다. 원칙상 허스키, 시바, 풍산개 등 대형견은 입마개 장착 후 입장 가능하므로, 챙겨가는 것이 좋겠다.

INFO

서울어린이대공원 반려견 놀이터

- 🏠 서울시 광진구 능동 18-14 (어린이대공원 내)
- ★ 02-2124-2834 👤 무료
- 🚇 지하철 5호선 아차산역 3번 출구 (도보 약 15분), 2호선 구의역 1번 출구 (도보 약 20분)
- ➕ 월요일 정기 휴무, 우천시 휴무

INFO

보라매공원 반려견 놀이터

- 🏠 서울시 동작구 신대방동 395 (보라매공원 내)
- ★ 02-2124-2834 👤 무료
- 🚇 지하철 2호선 신대방역 4번 출구 (도보 약12분)
- 🕐 3,4,9,10월 10:00~20:00,
  5~8월 10:00~21:00, 매주 월요일 휴무
- ➕ '동물등록'을 마친 반려견만 이용 가능.
  안전을 위해 13세 미만 견주 (어린이)는 성인 보호자와 함께만 입장이 가능하다.

INFO

초안산 공공반려견 놀이터

- 🏠 서울시 도봉구 해등로 3길 48-11 (창동 산24)
- ⭐ 02-2124-2834 👤 무료
- 🚆 지하철 4호선 쌍문역 2번 출구 (도보 약 13분)
- 🕐 3~11월 10:00~19:00, 매주 월요일 휴무, 12~2월 휴장
- ➕ 배변봉투와 목줄 필수
  질병감염의 의심이 있는 반려견이나 사나운 반려견, 발정이 있는 반려견 등은 입장할 수 없다.

INFO

월드컵공원 반려견 놀이터

- 🏠 서울시 마포구 상암동 1535
- ⭐ 02-2124-2834 👤 무료
- 🚆 6호선 월드컵경기장역 1번 출구(도보 약 19분)
- 🕐 3~11월 10:00~19:00, 12~2월 휴장, 5~8월에는 밤9시까지 연장 운영

서울 Place2

경의선 따라 걷는다
연남동

경의선 철도길이 숲길로 조성되면서 연남동에는 의외의 수혜자들이 생겼다. 바로 이 일대에 사는 강아지들이다. 뿐만 아니라 서울 시내 각지의 사람들이 행복하게 반려견과 함께 경의선 숲길을 찾고 있다. 이러한 변화는 "개가 어디 감히?" 이런 소리를 내쏟던 사람들의 인식마저 바꾸고 있다. 반려견뿐 아니라 반려묘 등도 자유롭게 드나들 수 있는 카페들이 점점 많아지기 시작한 것이다.

연남동에는 이 책에 모두 담지 못해 아쉬울 정도로 곳곳에 강아지 모양 스티커 붙은 가게가 눈에 띈다. "반려견 물 먹이고 가세요" 어느 작은 카페 유리창에서 우연히 발견한 조그마한 글씨. 여름철 무더위에 지친 견주와 반려견을 위해 카페 주인이 베푸는 소박한 선물이다. 덕분인지 연남동에서는 강아지를 데리고 다니는 사람들을 정말 많이 볼 수 있다.

'연트럴파크'로 불리는 공원을 지나 골목골목 연남동을 걸으며, 반려견을 배려하는 그 동네 사람들의 마음을 느껴보길 권한다. 그야말로 개들의 천국이다. 연남동에서 불고 있는 신선한 바람이 어디까지 영향을 미칠지 기대가 된다.

1 비오는 날의 연트럴파크
2 연남동 한 카페 주인의 따뜻한 배려
3 경의선을 따라 반려견과 걷기 좋다.

서울 Place3

한국의 작은 지구촌
이태원 & 경리단길

이태원 길거리에서 반려견과 함께 다니는 모습은 이미 자연스럽다. 마치 외국의 한 거리를 옮겨온 듯 반려동물과 산책하는 외국인도 많다. 심지어 웬만한 레스토랑은 반려견을 데리고 들어갈 수 있을 정도다. 동물병원 마당에 강아지가 놀고 1층에는 카페가 열려 있는 등 반려동물을 위한 서비스도 훌륭하다. 길 가다 귀여운 강아지를 보며 인사를 나누는 장면 역시 더 이상 외국 길거리에서만 보던 부러운 장면이 아니다. 작고 앙증맞은 소형견뿐 아니라 대형견들도 곧잘 눈에 띈다. 이태원을 살아가는 사람들은 그만큼 반려동물 문화에 열려 있다고 봐도 무방하겠다. 대한민국 반려동물 1번지 이태원을 찾아가 보자.

1 반려견 용품을 파는 트렌디한 숍들이 즐비하다.
2 개성 있는 골목들을 반려견과 함께 누벼보자.

3 반려견을 동반할 수 있는 숍들이 많다.
4 외국인도, 반려견도 모두 낯설지 않은 거리

서울 Eat & Drink1

마당 넓은 강아지 천국

쥬쥬펫

연남동 일대에서 가장 마당이 넓고 규모가 큰 애견 카페다. 정원에는 아름다운 수국과 라벤더 등 각종 꽃이 만발해 있고, 강아지들은 마당을 자유롭게 다닐 수 있다. 애견 미용과 애견 카페, 애견 호텔을 겸하고 있으며 강아지 전용 음료도 판매한다. 고양이 호텔도 운영 중이다. 이곳은 흰 주택건물 전체가 반려견을 위한 시설로 꽉 찬, 그야말로 '반려견 서비스 집합소' 느낌이다. 넓은 마당에 있는 인조 잔디와 작은 풀장이 눈에 띈다. 하절기엔 풀장에 물을 담아 미니 수영장을 운영한다고 한다. 1층에는 음료와 간단한 음식을 먹을 수 있는 테이블이 있다. 한쪽엔 반려견의 생일파티가 가능한 룸도 마련돼 있다. 조명이 있어 반려견의 특별한 순간을 예쁘게 사진으로 간직할 수 있는 공간이기도 하다. 2층은 호텔 시설로, 푹신한 방석과 식수대 등이 구비돼 있다. 블루베리, 딸기맛 등 반려견이 먹을 수 있는 '반려견 라떼'도 구매 가능하다.

INFO

🏠 서울시 마포구 연남동 255-9 ★ 02-6216-0028 ⚙ zoozoopet.modoo.at
🕐 11:00~22:00 (월요일 휴무) 📄 아메리카노, 라떼 (반려견용) 등

서울 95

서울 Eat & Drink2

조용하고 시크한 시바견 사장님네 커피집
별을 굽다

연남파출소 부근, 붉은 벽돌과 아늑한 인테리어가 인상적인 카페다. 운이 좋다면 카페의 주인이자 마스코트인 시바견 '나루'와 아들 '고로'를 만날 수 있다. 두 마리 모두 조용한 성격이다. 가게엔 나루를 모델로 한 귀여운 디자인 상품들도 구비되어 있다. 시바견 사장님의 매력에 반한 몇몇 디자이너들이 힘을 보탠 작품들이다. 볕이 좋은 날에는 가게 테라스에서 반려견과 함께 햇살을 즐기는 손님들이 많다고 한다. 미리 전화 주면 원두를 볶아 바로 포장해준다. 바깥에 캠핑용 의자가 있어 편안하게 거리 풍경을 즐기며 음료수를 마실 수 있다.

INFO
- 서울시 마포구 연남로1길 11 ★ 070-8201-2207
- 9:30~22:30, 월요일만 12:00~22:30
- 에스프레소, 아메리카노 등
- instagram.com/roasting_star

카페의 진정한 사장님. 나루와 고로.

서울 Eat & Drink 3

연남동 중심가의 애견놀이터
퍼피포

반려견이 없어도, 동물을 아낄 줄 아는 사람이라면 누구나 입장 가능한 애견 카페다. 주인이 워낙 강아지를 사랑해 애견놀이터에서 생활하는 대형견들도 많다. 위생관념이 철저한 애견 카페로, 들어가기 전에는 반드시 실내화로 갈아 신어야 하며, 손도 반드시 세척해야 한다. 강아지를 사랑하는 사람들이 자주 찾아 먹이도 주고 교감을 하는 곳이다.

1 창가에 앉는 걸 좋아하는 반려견들
2 손님의 간식에서 눈을 떼지 못한다.

INFO
- 서울시 마포구 동교로 268 2층
- 02-336-6466
- 11:30~22:00
- 견당 1천 원 성인 8천 원, 초등학생 7천 원, 음료 포함
- 아메리카노, 칼리만시주스
- puffypaw.modoo.at

서울 Eat & Drink4

#반려견 #루프탑 #분위기 #성공적

루나씨엘로

연남동 조용한 골목길에 위치한 3, 4층의 루프탑 카페로 바깥 분위기를 함께 즐길 수 있다는 점이 장점이다. 블랙 콘셉트의 외관만 봐도 럭셔리함이 느껴진다. 반려견을 사랑하는 커플이라면 함께 이곳을 찾는 것도 좋겠다. 물론 목줄 착용 및 배변봉투 지참 등 펫티켓은 필수다.

반려견 동반 입장은 가능하지만, 일반 손님들을 위해 반려견이 마음껏 돌아다닐 수 없도록 견주의 케어가 필요하다. 쾌적한 레스토랑 환경을 위해 나름의 지정석이 있다. 반려동물은 4층 맨 가장자리 자리를 이용해 일반 고객들의 시선으로부터 자유롭다. 자리도 넓어 6~7명이 이용해도 넉넉한 곳이다. 3층에도 격리된 조용한 자리가 있어 반려동물들과 함께 오는 사람들의 사랑을 받고 있다. 운이 좋다면 루프탑에 앉을 수도 있으니, 입장 전 미리 문의하여 안내받길 권한다.

INFO

🏠 서울시 마포구 동교로 34길 21 3, 4층   ★ 070-4110-3815

🕐 11:00~22:00, 주말은 14:00~01:00 (화요일 휴무)

⚙ instagram.com/lunacielo.seoul

📄 감바스 & 빵, 까르보나라, 글래스와인, 칵테일, 맥주 등

반려견들을 바라보는 것만으로도 시간 가는 줄 모른다.

서울 Eat & Drink 5

들어는 봤나 '누가크림커피'
CAAO커피

대로변에 있어 눈에 쉽게 띄는 분위기 있는 카페다. 멋진 훈남들이 서비스해 여성들의 인기를 독차지하는 곳이기도 하다. 자칭 '연남 피플'이라는 지인 소식통에 따르면, 한 번쯤 이곳에 들러 '누가크림커피'를 맛보고 가는 게 좋단다. 반신반의했지만 가게 한쪽에 장식된 '한국TEAM 바리스타챔피언십' 트로피를 보면 "아!" 하는 탄성이 나오게 된다. 깔끔한 인테리어를 자랑하는 이 카페도 반려견과 함께 출입할 수 있는 곳이다. 엘리베이터를 타고 5층으로 가면 루프탑도 이용할 수 있다. 루프탑 역시 반려견 입장이 가능하다. 어디까지나 배변 처리와 목줄 착용 등 펫티켓을 제대로 지키는 견주에 한해서다. 밀크티 외에 수제 티라미수, 당근 케이크도 인기다.

INFO

🏠 서울시 마포구 동교로 259　★ 070-3838-5828　⚙ instagram.com/caaocoffee_chei
🕐 11:00~23:00 (설 당일 휴무)　📄 누가크림커피, 밀크티 등

서울 Eat & Drink 6

강아지와 함께 음료 한잔
샵3239

용산구청 후문에 위치한 하얀 벽돌집 카페다. 촘촘히 안전 펜스가 쳐진 입구에서부터 반려견을 배려하는 주인장의 마음이 느껴진다. 1층은 카페가, 2층은 식당이 들어서 있다. 반려동물은 1층만 입장 가능하다. 카페 실내로 동반 입장하길 원한다면 반드시 목줄을 착용해야 한다. 15kg 이상 대형견은 안전사고 예방을 위해 출입이 제한되므로 미리 확인하고 가는 것이 좋겠다.

동절기에도 야외 테라스도 운영한다.

INFO
🏠 서울시 용산구 녹사평대로 32길 39 ★ 02-792-3239
⚙ instagram.com/3239cafe_seoul
🕐 12:00~22:00 📋 아메리카노, 초코프라페 등

서울 Eat & Drink 7

반려견도 같이 가는 맛집
마이치치스

　마이치치스는 방송인 홍석천 씨가 하는 레스토랑이다. 다양한 세계 각국의 요리를 맛볼 수 있는데, 그중 치킨 요리가 이 가게의 강점이다. 원칙적으로 반려견 출입은 가능하나, 늘 사람이 북적대 주의가 필요하다. 리드줄은 필수다. 요청 시 반려견용 물그릇도 내준다고 하니, 반려견이 흥분하거나 겁먹지 않도록 견주의 케어가 필요하다. 주차공간이 따로 마련돼 있지 않으므로 주변 민영주차장을 이용한다.

INFO
🏠 서울시 용산구 이태원로19길 51층　　☎ 02-749-7753
🕐 11:00~02:00　　📄 연어샐러드, 그리스식 치킨 스테이크 등

서울 Eat & Drink 8

우리 집 멍멍이랑 캠핑 온 느낌

마쵸스헐

캠핑 혹은 글램핑을 떠나기 부담스럽다면 옥상 테라스에서 반려견과 함께 캠핑 분위기를 내보는 것은 어떨까? 이태원 '마쵸스헐'은 아웃도어 콘셉트를 채용한 바베큐 전문 요리점이다. 건물 전체가 마치 캠핑장에 놀러온 듯한 분위기를 자아낸다. 샐러드와 함께 BBQ를 즐기며 야외 테라스에서 반려견과 이색데이트를 하기 좋은 스팟이다. 반려견을 위한 식사거리는 따로 챙겨오는 것이 좋겠다. 매주 월요일은 휴무일이다.

1 캠핑 분위기가 물씬 나는 인테리어
2 다양한 종류의 와인도 구비되어 있다.

INFO
- 서울시 용산구 회나무로13가길 20
- 070-8820-2371
- 화~금요일 18:00~24:00, 주말 14:00~24:00 (월요일 휴무)
- 돼지BBQ 세트 등

| 서울 Eat & Drink 9 |

멍멍아 잠시만, 언니 롤 좀 먹을게
노리테이블

녹사평역과 가까운 퓨전 롤·스시 전문점이다. 장어, 크림치즈, 맛살, 연어 등 다양한 재료로 꽉 찬 롤 메뉴가 인기라고 한다. 헛짖음 없이 얌전한 반려견에 한해 동반 입장이 가능하다. 다른 손님에게 부담이 될 수 있어 부득이하게 소형견만 동반 입장을 허용하고 있다.

매콤한 소스의 장어롤이 인기

INFO
🏠 서울시 용산구 녹사평대로40가길 2-10 지하1층 ★ 02-792-4427
🕐 12:00~23:00 ⚙ instagram.com/noritablekorea 📄 캘리포니아롤, 연어롤 등

서울 Eat & Drink10

반려견이 사랑하는 간식 카페
이태원개과점

'이태원개과점'이란 이름답게 반려견을 위한 수제 간식이 유명한 카페다. 황태파우더, 황태닭가슴살말이, 오리근위육포, 야채믹스볼 등 견주의 디저트만큼이나 다양한 간식이 구비돼 있다. 매일 아침 카페 주인이 신경 써서 소독한다는 출입구 부근 인조 잔디부터, 의자 위 애견 쿠션까지. 반려견들이 편히 머물다 갈 수 있도록 세심하게 배려한 공간이 매장 곳곳에 마련돼 있다.

INFO
🏠 서울시 용산구 회나무로13가길 42 ★ 010-4516-5485
🕐 12:00~23:00 📄 황태닭가슴살말이, 고구마야채믹스볼 등

서울 Eat & Drink11

화려하지 않아도 좋다!
카페 인

용산구청 후문 쪽에 위치한 반려동물 동반 가능 카페다. 화이트톤의 벽과 화려하지 않은 심플한 인테리어. 무엇보다 테이블 사이의 간격이 넓어 탁 트인 느낌이 드는 모던한 공간이다. 매장 내에 흡연 부스가 따로 구비돼 있다.

INFO
- 서울시 용산구 녹사평대로 32길 36 1층 ★ 070-4131-2162
- 12:00~23:00 주말엔 12:00~23:00 아메리카노, 카페라떼, 생딸기주스 등

서울 Eat & Drink 12

반려견과 함께하는 혼밥집
마요식당

반려견과 함께 이태원 거리를 산책하다 출출해졌다면? 거하게 먹긴 부담스럽고 혼자 눈치를 살피며 먹기도 싫다면 이곳을 권한다. '마요식당'이란 가게 이름에서부터 알 수 있듯 다양한 재료 위에 마요네즈를 얹은 각종 덮밥을 맛볼 수 있다. 재료가 떨어지면 일찍 문을 닫는다고 하니, 가기 전에 문의를 해보는 것도 좋겠다. 반려견 동반이 가능한 식당이지만 마냥 뛰어 놀도록 방치해선 안 된다. 공간이 협소한 것에 비해 사람이 북적대는 식당이다. 안전사고 예방을 위해 무릎 혹은 의자에 반려견을 앉히길 권한다.

INFO
- 서울시 용산구 이태원로14길 26
- 02-515-4075 instagram.com/mayosikdang
- 목~토요일 11:30~21:00, 일,화,수요일 11:30~20:30 (월요일 휴무)
- 아보카도명란마요, 통치킨마요 등

서울 Eat & Drink 13

테라스와 다락방이 있는
카페 이누

'설탕 대신 유기농 아가베 시럽을 씁니다.'
출입구에서부터 건강한 맛이 느껴지는 카페다. 1층엔 카페, 2층엔 동물병원이 있는 특이한 구조다. 잔디가 깔린 널찍한 마당이 있어 반려견과 함께 시간을 보내기 적합하다. 실내에선 배변패드가 깔려 있는 강아지 전용좌석을 이용할 수 있다. 물론 반려견 대부분은 바닥이나 의자에 앉아 있거나, 이리저리 돌아다니며 친구 사귀기에 바쁘다.

무엇보다도 단호박쿠키, 당근쿠키, 자색고구마쿠키 등 반려견을 위한 다양한 간식을 구매할 수 있어 좋다. 매장 한쪽에 보이는 사료, 스파 가루 등 각종 애견용품도 구매 가능하다.

1 마당에서 쉬고 있는 반려견 손님 차우 차우.
2 곳곳에 반려견을 위한 다양한 간식이 구비되어 있다.

INFO
🏠 서울시 용산구 대사관로 41 코트디부와르대사관저 ★ 02-792-2923
🕐 10:00~22:00
📄 아메리카노, 카페라떼, (반려견용)단호박쿠키 등

서울 Eat & Drink14

반려견도 요리를 먹을 권리가 있다

부티크

반려견 전용 주문제작 케이크

애견인 사이에선 이미 펫스테이크로 유명한 곳이다. 최근 경리단길에서 옥수동으로 이전했다. 아메리카노 등 커피 및 음료와 브런치 메뉴를 주문할 수 있다. 이곳이 특별한 이유는 무엇보다도 반려견들을 위한 메뉴가 풍부하다는 점이다. 대표 메뉴는 오트밀 스테이크. 가격은 8천 원 정도다. 반려견이 마실 수 있는 펫푸치노를 비롯 반려견 전용 머핀 등 간식도 다양하다. 미리 전화로 예약을 한다면 생일을 맞은 반려견을 위해 펫 전용 케이크도 직접 만들어준다.

INFO

🏠 서울시 성동구 한림말길 31　★ 02-790-4313
⚙ barcode-boutique.com　⏰ 평일 12:00~20:00, 주말 12:00~22:00 (월요일 휴무)
📄 오트밀 스테이크 (반려견용), 아메리카노 등

서울 Accommodation1

반려견과 글로벌 친구를 만들고 싶다면?
애플트리 게스트하우스

서울 마포구의 주택가에 자리한 게스트하우스로 조용한 숙박을 할 수 있다. 외국인 스태프들이 일하고 있어 분위기가 글로벌하다. 게다가 머무르는 고객 중에 외국인 여행자들이 많다. 특히 남녀 커플이 많고 어학당에 다니는 외국인 학생들도 있어 그야말로 외국인 하숙집 같은 정겨움을 느낄 수 있는 곳이다. '코코'라는 이름의 닥스훈트 한 마리가 재롱을 부려 사람들을 즐겁게 한다. 반려동물과 함께 하는 사람들에게는 1층은 허용되지 않는다. 몇 번 받아봤는데 상식 이하의 손님들이 있었기 때문이라 한다. 반려견 동반 투숙자는 옥탑방을 이용하면 된다.

INFO
- 서울시 마포구 월드컵로20길 41-5
- 010-6727-2797
- atguesthouse.com
- 입실 14:00~퇴실 11:00
- 반려견 동반시 반드시 미리 전화로 확인

서울 Accommodation2

반려견과 럭셔리한 하룻밤을
프레이저 플레이스 센트럴 호텔

서울 시내 한가운데 애견을 동반할 수 있는 호텔이 있다. 레지던스 호텔이기 때문에 주방과 가전제품, 조리도구들이 모두 준비되어 있다. 각종 차와 캡슐 커피도 이용할 수 있다. 반려견 동반 시에는 정책을 알리는 'Pet Policy'를 함께 내준다. 숙박과 함께 특별한 서비스를 제공하는 '바우와우박스 패키지'도 있다. 애견 식기와 목걸이 인식표, 사료, 배변패드, 간식 등을 받을 수 있다.

INFO

- 서울시 중구 통일로 78　★ 02-2220-8000　 fraserplace.co.kr
- 입실 15:00~퇴실 12:00
- 10kg 미만 반려견만 동반 가능. 광견병항체검사지 지참 필수
  1마리 동반 시 3만 3천 원, 2마리 동반 시 5만 5천 원 부과

수도권

METROPOLITAN AREA

인천 Place1

반려견과 함께 자연을 누벼요
연희공원(연희자연마당)

연희공원 내 위치한 연희자연마당은 사람과 함께 다양한 생물들이 공존하는 생태 휴식 공간이다. 숲속 놀이대, 숲속의 집, 나무 위의 집, 그리고 모래놀이장까지 있어 반려견들과 함께 놀기 좋은 산책 코스다. 생태체험학습과 생태놀이 등 아이들이 즐길 거리도 많다. 지피초화원, 조류 관찰대, 생태놀이터, 다단정화습지, 생태숲, 생태쉼터, 원형 탐조대 등의 자연관찰 시설을 통해 다양한 생물들을 직접 관찰할 수 있는 곳이기도 하다. 대부분의 시설이 자연친화적인 덕분에, 연희공원 일대는 반려견과 아이들이 뛰놀기에 안성맞춤이다.

INFO
- 🏠 인천시 서구 봉수대로 755 녹지관리사업소 (연희동 산129)
- ★ (계양공원사업소) 032-458-7170
- ⏰ 00:00~24:00 👤 무료

강화 Place1

반려견과 거니는 강화도 산길

고려산

강화도에는 마니산, 고려산 등 빼어난 절경을 자랑하는 명소들이 많아 관광객들의 발길이 끊임없이 이어진다. 봄철에는 특히 강화나들길 제1코스로 불리는 심도역사문화길을 따라 고려궁지~강화산성 북문까지 이어지는 벚꽃길이 장관이다. 매년 수도권 제일의 봄 축제로 불리는 '고려산 진달래 축제'도 열린다. 봄꽃으로 물든 아름다운 절경은 물론 진달래 화전 만들기, 향토 먹거리 장터 등 다양한 먹거리도 만날 수 있다. 그러나 축제 기간에는 사람이 너무 많아 반려견과 방문하기에는 고생스러울 수 있다. 높이 436m로 비교적 가볍게 등반할 만한 산이므로 반려견과 견주의 체력을 고려해서 방문하자.

진달래 앞에서 포즈를 취한 잔디

INFO
🏠 (1코스 출발지 백련사) 인천시 강화군 하점면 부근리 316-1
★ (강화터미널 관광안내소) 032-930-3515

고려산에서 내려다본 강화도의 모습

강화 Place2

강화도 대표 관광지
전등사

전등사는 강화군의 가장 핵심적인 관광지로 꼽힌다. 2014~2016년 T맵의 관광 관련 검색량 94만 9천 135건을 분석한 결과, 전등사가 관광객들이 가장 많이 찾는 인천 지역 관광지로 나타날 정도다. MBC 예능 프로그램 '어서 와 한국은 처음이지?'에서 프랑스 친구들이 발우공양을 한 곳도 바로 이곳 전등사다. 템플스테이도 가능하다. 반려견 입장을 허용하는 사찰이나 명승지가 많지 않은데, 이곳은 간단한 서류만 작성하면 동반입장이 가능하다.

INFO
- 인천시 강화군 길상면 전등사로 37-41 (온수리 635)
- 032-937-0125
- jeondeungsa.org
- 어른 3천 원, 청소년 2천 원, 어린이 1천 원, 주차료 소형 2천 원

강화 Place3

아는 사람만 다녀오는 강화 최남단 작은 섬

동검도

강화군 최남단의 작은 부속 섬, 동검도는 아는 사람들만 즐기는 반려견 여행지다. 한때는 배로 본섬을 오고가던 곳이었지만 연육교가 생겨 육지화된 지 오래다. 조선시대 중국 상인과 사신들이 오가던 통로에 위치해 있어 동쪽의 검문소란 뜻으로 동검도가 되었다고 한다. 드라이브 코스가 한적하고 시야가 탁 트여 있어 가는 길부터 이미 여행 시작이다. 넓은 갯벌이 끝없이 펼쳐진 동검선착장은 고즈넉한 분위기를 만끽하며 반려견과 산책하기에 그만이다. 서울 강북에서 동검도까지 50㎞ 남짓. 제2외곽순환도로가 개통되고 동검도로 들어가는 다리가 생겨 더 쉽게 찾을 수 있다. 동검도 내부 도로는 매우 협소한 데다 군데군데 팬 곳이 있어 주의가 요구된다.

INFO
🏠 인천시 강화군 길상면 동검리
⭐ (강화터미널 관광안내소) 032-930-3515

동검도에서 맞는 석양

강화 추천 여행지

동검도 DRFA 365 예술극장

해가 지고, 달이 뜨고, 은막이 오른다. 동검도에는 자그마한 예술 영화관이 있다. 사람이 북적대지 않는 '영화 여행'을 계획하는 여행자라면 추천할 만한 곳이다. 정월대보름이 뜨는 3월의 어느 날, 동검도를 찾았다. 이곳 영화관 이야기를 전해 들었기 때문이다. 극장 문을 열자 바로 앞에 한 중년 남성이 이어폰을 낀 채 골똘히 영화작업 중이다. 영화관 대표인 유상욱 감독이었다. 2층으로 난 계단 쪽에 있는 커튼을 슬쩍 열어보니 영화는 이미 상영 중이다. 얼핏 봤는데도 예술영화 같은 느낌이 강하게 들었다. 스웨덴 영화라 했다. '천국에 있는 것처럼.' 제목도 예술 영화다웠다. 동네 사람 몇이 모여 영화를 즐기는 모습이 영화 '시네마 천국'처럼 느껴진다. 1.61㎢의 작은 동검도, 200여 명에 불과한 주민만을 위해 들어선 영화관은 아니다. 국내에 개봉되지 않은 영화를 보고 싶어 하는 마니아들을 위해 만들어졌다. 극장 구조는 특이하다. 1층과 2층 건물은 영화관을 가운데 두고 카페가 있다. 관람석은 점점 위로 올라가 맨 끝쪽은 2층으로 통하게 돼 있다. 이쪽에서 영사기가 돌아간다. 홈페이지를 통해 상영 일정을 확인하고 예약할 수 있다.

INFO
🏠 인천시 강화군 길상면 동검길63번길 52 (동검리 83-3)
⭐ 070-7784-7557, 010-4782-7397　⚙ www.drfa.co.kr　👤 음료 포함 1인 1만 1천 원

1 동검도 예술극장에서 바라본 전경
2 해질무렵의 예술극장 외부 모습

강화 **123**

강화 추천 여행지

발끝부터 훈훈함이 솔솔
무화과족욕체험장 도담

선두포구가 한눈에 내려다보이는 곳에 족욕을 체험할 수 있는 곳이 있다. 별다른 생각 없이 족욕체험에 나섰는데, 발을 담그고 눈을 지그시 감은 채 앉아 있다 보니 온몸에 땀이 송골송골 솟는다. 몸이 훈훈해지는 느낌이 좋다. 족욕에는 농장에서 직접 재배한 무화과 찻물을 쓴다. 함께 내주는 무화과 차는 시중에서 판매하는 것과는 확연히 다른 진한 내음이 느껴진다. 직접 온실에서 재배한 무화과라고 한다. 반려견 동반은 가능하지만 실내 동반은 불가능하다. 아쉽지만 바깥에 따로 반려견을 묶어둘 수 있는 공간이 있으니 참고하자.

INFO
🏠 인천시 강화군 길상면 선두리 926-24 ☎ 032-937-7721
⚙ ganghwadodam.modoo.at 🕙 10:00~19:00 (동절기는 6시까지) 매월 2, 4주 화요일 휴무
📋 1인 1만2천 원

온천 하러 멀리 갈 필요 있나요?
석모도 미네랄온천

직장에 다녀와 지친 몸을 침대에 뉘일 때면 문득 드는 생각이 있다. '아, 따뜻한 온천에 몸 좀 담그고 쉬다 오고 싶다….' 반갑게도 서울 가까이서 미네랄 온천을 즐길 수 있게 됐다. 2017년 석모대교가 개통되면서 배로만 들어갈 수 있던 석모도 출입이 편리해졌기 때문이다. 석모도 미네랄온천은 황토방, 무료 족욕탕과 실내탕, 노천탕 등의 다양한 온천 시설을 갖췄다. 특히 옥상전망대가 조성돼 있어 인접한 바닷가를 바라보며 색다른 정취도 느낄 수 있다. 깊은 지하 암반에서 올라온 온천수에는 칼슘과 칼륨을 비롯해 마그네슘, 스트론튬, 염화나트륨 등 무기질이 듬뿍 들어 있어 관절염과 근육통에 효험이 있는 것으로 알려져 있다. 또한 피부에 쉽게 흡수돼 아토피 피부염, 건선, 미용 보습 등 피부 개선에도 좋다고 한다. 고수들은 이외로 낮에 온천을 즐기길 권한다. 햇빛, 습기, 염분과 서쪽바다의 해양성 해풍 등 4박자가 골고루 갖춰지기 때문이다.

INFO
- 인천시 강화군 삼산면 삼산남로 865-17 (매음리 645-23)
- 032-933-3810 07:00~21:00 (매월 1,3주 화요일 휴무)
- 대인 9천 원, 소인 (4~7세) 6천 원

강화 Accommodation1

반려견과 함께 아침산책을
장구너머 B펜션

석모도에 위치한 통나무 펜션. 깔끔한 인테리어에 넓은 테라스가 객실마다 달려 있어 하루 편하게 쉬어 가기 좋은 곳이다. 원래 반려견 펜션은 아니었으나, 주인이 강아지를 무척이나 사랑해 소형견 한 마리에 한해서 받고 있다. 바로 앞에 선착장과 민머루해변도 있으니 아침 산책 겸 반려견과 함께 한 바퀴 돌아보자.

INFO
- 인천시 강화군 삼산면 어류정길212번길 86-6 (매음리 1046-9번지)
- 032-933-4888 janggoo.com 입실 14:00~퇴실 11:00
- 주중 2인 기준 7만 원 (객실 유형 및 요일에 따라 상이, 홈페이지 확인)
- 8kg 이하 반려견, 객실당 1마리까지 가능, 추가시 2만 원 부과
  반려견 패드, 방석 지참 필수

강화 Accommodation2

낙조의 석양과 함께
바르비종 펜션

순수 황토 바닥과 특수 제작된 황토벽돌에서 나오는 게르마늄을 체험할 수 있는 곳이다. 바다에서 불어오는 신선한 갯벌 바람과 소나무와 황토에서 나오는 기운이 만나니 저절로 건강해지는 온돌형 원룸과 독립식 글라스 데크는 모던한 느낌을 선사한다. 이곳에서 저 멀리 장화리 바닷가의 낙조를 지켜보면 마음이 평온해짐을 느낄 수 있다. 각자의 객실 앞 글라스 데크에서는 바비큐를 즐길 수도 있다. 주인장이 미술 전공자라 곳곳에서 아기자기한 예술의 향기가 뿜어져 나온다. 주인장의 강아지에 대한 애정 또한 남달라 고객들의 친절한 벗이 되곤 한다.

INFO
- 인천시 강화군 화도면 해안남로 2420-17 (장화리 531-1)　★ 032-937-6419, 010-5185-6419
- gatnoul.co.kr　주중 기준 9~18만 원 (요일 및 성수기 여부에 따라 상이, 홈페이지 확인)
- 소형견만 동반 가능, 객실당 최대 2마리까지, 1마리당 1만 원 부과

강화 Accommodation3

야외 수영장으로 더위를 한꺼번에
추억이 있는 바다 펜션

강아지 2마리가 사는 추억이 있는 바다 펜션은 강화도 황청리 바다가 보이는 곳에 자리잡고 있어 경치가 뛰어나다. 가족과 단체 모두 즐겁게 물놀이할 수 있는 유아풀 등 야외수영장 시설을 갖추고 있다. 또 계절과 날씨에 영향 없이 편안히 바비큐를 즐길 수 있는 객실별 전용 바비큐장을 갖추고 있다. 주변에 산과 바다, 숲이 어우러져 있어 복잡한 도시를 벗어나 자연을 즐기기 좋다. 주변에 유적지와 관광지가 인접해 있고 여러 인원을 수용할 수 있는 단체 객실이 완비돼 있다.

INFO
- 인천시 강화군 내가면 해안서로 1178-9 (황청리 846-27)
- 010-4600-3453, 010-4600-3454 memorysea.com
- 비수기 주중 기준 8~28만 원 (요일 및 성수기 여부에 따라 상이, 홈페이지 확인)
- 객실당 소형견 1마리 가능, 1마리당 1만 원 부과

강화 Accommodation4

별이 빛나는 석모도에서

우성 펜션

우성 펜션은 아름다운 밤하늘로 유명한 석모도에 있다. 최근 다리가 개통돼 예전 같은 고립된 느낌을 피할 수 있다. 특히 저 멀리 유명한 석모도의 낙조를 구경할 수 있다는 것이 가장 큰 장점 가운데 하나다. 바비큐의 경우 숯불은 현장에서 비용을 지불하면 원하는 시간에 고기 굽는 철망과 번개탄 숯을 가져다준다. 주인이 직접 불을 피워주기 때문에 편리하게 이용할 수 있다. 주의할 사항은 해질녘에 모기에 물리지 않도록 조심해야 한다는 점이다. 펜션에서 가까운 곳에 영화 '시월애' 촬영지와 우리나라 3대 관음 영지 중 하나인 보문사를 비롯, 삼산저수지, 해명산, 민머루해변이 펼쳐져 있어 볼거리도 풍성하다.

INFO
- 인천시 강화군 삼산면 삼산북로806번길 92-40 (하리 50-31)
- 010-6467-4816, 032-932-6907   wspension.com
- 비수기 주중 기준 8~22만 원 (요일 및 성수기 여부에 따라 상이, 홈페이지 확인)
- 객실당 최대 4마리 가능, 소·중형견은 1마리당 1만 원, 대형견은 2만 원 부과

수원 Place1

역사와 함께 걷는다
수원화성 산책길

수원화성을 즐기는 가장 좋은 방법은 거대한 성벽길을 따라 직접 걷는 것이다. 걷다 보면 화성이 어떻게 지역 사람들의 삶에 녹아 있는지, 그 규모가 얼마나 웅장하고 거대한지 금방 알 수 있다. 기본적으로 수원 화성 산책길은 펫티켓을 지키는 견주에 한해 반려견 동행이 가능하다. 다만 어차 등 시설물 사용 시 반려견 동반이 제한되는 곳도 있어, 반드시 이용 전 문의 전화를 해보는 것이 좋다. 발이 많이 아프다면 클래식한 외형을 가진 '화성어차'를 타는 것도 한 방법이다. 화성어차는 순종이 타던 자동차와 조선시대 국왕의 가마를 모티브로 하여 제작됐다고 한다. 화성행궁과 전통시장, 연무대, 화홍문, 장안공원, 화서문 팔달산 등 수원화성의 주요 관광 스팟을 순환 운행한다.

INFO
- 🏠 경기도 수원시 팔달구 일대
- ★ (수원문화재단) 031-290-3600, (화성어차 연무대 매표소) 031-228-4686
- ⚙ (수원문화재단) swcf.or.kr (수원 관광) suwon.go.kr/web/visitsuwon/index.do
- 🕐 화성어차 10:00~16:30 (매 30분마다 운행, 점심시간 12:00~12:30 제외)
- 👤 화성어차 어른 4천 원, 군인 및 청소년 2천5백 원, 어린이 1천5백 원

1 가을이 되면 성벽길을 따라 은빛 물결이 펼쳐진다.
2 반려견과 성곽 산책을 즐기는 시민

수원 Place2

왕도 걸었던 밤 산책 명소
화성행궁

화성의 행궁은 국내에서 가장 규모가 크고 아름다운 곳으로 꼽힌다. 특히 반려견과 밤 산책하기 좋은, 운치 있는 명소로 유명하다. 행궁이란 왕이 궁궐을 벗어나 행차할 때 임시로 머물렀던 곳을 말한다. 화성행궁의 경우 왕이 지방의 능원(陵園)에 참배할 때 머물던 행궁이라고 한다. 행궁에서 잊지 말고 꼭 보고 나와야 할 것이 있다. 정조대왕의 어진(御眞)을 모신 화령전이다. 왕의 초상화를 어진이라 하는데, 오후 6시가 되면 보안 문제로 정확하게 문을 닫으니 서둘러 다녀오길 권한다.

위에서 내려다본 행궁의 모습

INFO
- 경기도 수원시 팔달구 정조로 825 (남창동 6-2)　031-290-3600
- (3~10월) 09:00~18:00, (3~10월) 09:00~18:00
- (수원문화재단) swcf.or.kr　어른 1천5백 원, 군인·청소년 1천 원, 초등학생 7백 원

수원 Place3

반려견들과 자유로이 뛰놀 수 있는
광교호수공원 애견놀이터

광교호수공원 일대는 반려견과 산책하기 좋은 곳이다. 물론 목줄 착용은 의무사항이며 배설물은 수거를 해야 한다. 인근에 있는 광교호수공원 애견(반려견)놀이터는 전국에서 순위 안에 들 만큼 큰 규모를 자랑한다. 화려한 놀이시설이 있다기보단 반려견들이 자유롭게 뛰어놀 수 있게끔 만든 공간이다. 대형견과 중·소형견 놀이터 공간이 분리되어 있고, 놀이시설과 함께 견주들이 편안하게 앉아서 지켜볼 수 있는 공간도 마련돼 있다. 동절기 및 우천 시 운영이 중단될 수 있으니, 문의 전화 후 출발하는 것이 좋다.

1 광교애견놀이터에서 뛰노는 반려견 가족들
2 호수를 따라 산책하기 좋은 곳이다.

INFO
- 경기도 수원시 영통구 하동 1023, 3주차장 옆
- (수원시 공원관리과) 031-228-4198, 070-8800-2460
- gglakepark.or.kr 무료 10:00~22:00 (매주 월요일 휴장)

수원 Eat & Drink1

반려견과 함께 야구경기 직관을?

까로맘

창밖으로 KT 홈구장이 보인다. 반려견과 야구 직관이라니. 카페가 외야 2층에 위치한 덕분이다. 야구팬이라면 반려견과 함께 팀을 응원하기엔 최적의 장소다. 까로맘은 수원야구장에 있는 반려동물 유치원이자 카페. 견주도 반려견도 저마다의 행복한 하루를 보낼 수 있는 파라다이스인 셈이다. 커피류와 더불어 볶음밥, 라면 등 간단한 식사 메뉴도 주문할 수 있다. 경기가 없는 날은 2만 원, 경기 있는 날은 티켓 지참 시 1만 원의 입장료를 받는다.

INFO
- 경기도 수원시 장안구 경수대로 893 KT위즈파크 외야 2층 E201호
- ★ 031-258-5531　✿ caromom08.modoo.at
- 12:00~21:00 (매주 목요일 야구 비시즌 휴무)
- 아메리카노, 라면 등

시흥 Place1

반려견과 습지대를 거닐다

갯골생태공원

원래 소래염전 지역이었던 갯골생태공원은 옛 염전의 정취가 남아 있는 곳이다. 갯골생태학습교실을 통해 염전 체험도 할 수 있다. 한편으로 시흥갯골은 국가습지보호구역으로 지정된 경기도 유일의 내만갯골로, 자연 생태가 온전히 보존되어 있다. 갯골을 따라 수로가 있어서 바닷물이 공원을 한 바퀴 순환하도록 설계돼 있는데, 이를 따라 걸으며 칠면초, 나문재, 퉁퉁마디 등의 염생식물과 붉은발 농게, 방게 등 각종어류, 양서류를 지켜볼 수 있다. 매년 9월 즈음이 되면 시흥 갯골축제도 열린다. 이곳은 의외로 반려견 입장이 가능하다.

INFO
- 경기도 시흥시 동서로 287 (장곡동 724-10)
- 031-488-6900
- siheung.go.kr/culture/시흥갯골생태공원
- 00:00~24:00
- 무료, 체험 및 시설이용료 별도

| 시흥 Place2 |

솔향 가득한 산책코스
옥구도자연공원

　시흥 옥구도자연공원은 서해안 매립지 한가운데 솟아 있는 해발 95m의 옥구도에 조성된 공원이다. 공원 정상에 올라가면 서해와 시화방조제가 한눈에 들어와 시원한 경관이 펼쳐진다. 특히 낙조가 유명하여 인근 지역 주민들도 많이 찾는다. 야생화길과 바람숲길, 연꽃단지, 습지식물원 등 다양하게 조성된 산책길은 물론 애견공원까지 따로 마련돼 있어 반려견과 나들이하기 좋은 곳. 지하철 4호선 오이도역에서 도보로 약 20분 거리에 위치하며, 인근에 소래포구, 마린월드, 송도유원지 등이 있어 같이 둘러보기 좋다. 오이도·시화방조제·선재도로 이어지는 서해안해안도로는 드라이브 코스로도 인기다.

옥구도자연공원 내 식물원

INFO
🏠 경기도 시흥시 오이도로 58 (정왕동 876-25)　★ (시흥시 공원관리과) 031-310-3863
🕐 00:00~24:00　👤 무료

용인 Place1

놀거리로 가득한 멍멍이 전용 에버랜드
기흥레스피아호수공원 반려견 놀이터

기흥호수공원의 반려견 놀이터는 국내 최대 규모의 놀이터로 유명하다. 2016년 구갈레스피아에 용인시 최초의 반려견 놀이공원이 생긴 이래 두 번째다. 반려견이 놀 수 있는 도그 워크, 저니 브리지를 비롯하여 휴틀 라인, 하임 벤치, 위브 폴 등 다양한 놀이 시설과 훈련시설을 겸비하고 있다. 소형견과 중·대형견 놀이터가 분리되어 있고 배변봉투와 배변함까지 구비되어 편리함을 더한다. 매주 월요일을 제외한 오전 9시부터 오후 6시까지 이용 가능하다.

INFO
🏠 경기도 용인시 기흥구 하갈동 126-6 일원, 기흥호수공원 생태학습장 내
⭐ 031-335-6050, (용인시 공원녹지과) 031-324-4673
🕘 09:00~18:00 (매주 월요일 휴장, 12~2월 임시 휴장 가능)
👤 무료

"우린 절친이랍니다" 두 반려견의 모습

용인 Eat & Drink1

온가족과 함께 숲속 캠핑 온 느낌

몽키그릴

캠핑을 콘셉트로 한 야외 식탁이 특징인 곳이다. 마치 숲속에서 고기를 굽는 듯한 인테리어가 인상적이다. 반려견 없이 이곳을 찾는 손님들도 많아, 식당 내 반려견이 마음껏 뛰어놀게 놔두는 것보단 함께 자리에 앉아 저녁식사를 즐기는 것이 좋다. 출발 전 전화로 미리 문의하면 목줄 착용 등 식당 내 주의사항을 친절히 안내해준다. 배변패드 혹은 배변봉투를 준비하는 등 기본적인 펫티켓은 필수다. 넓은 주차 공간이 마련돼 주차하기 편리하다. 식사자리도 넉넉해 여러 가족단위로 반려견과 함께 즐기기도 좋은 곳이다.

INFO

🏠 경기도 용인시 기흥구 지삼로 227
⭐ 031-274-2592 ⚙ monkeygrill.co.kr
🕐 12:00~22:00 📄 와규 화로구이, 그릴 바베큐 등

1 캠핑을 콘셉트로한 몽키그릴
2 숲속 파티를 연상시키는 야외 공간
3 고기, 바나나, 새우, 버섯 등 다양한 바비큐를 즐길 수 있다.
4 개인 단위의 손님을 위한 공간도 마련돼 있다.

| 용인 | Eat & Drink2 |

넓은 놀이터에서 간편한 식사를
개떼놀이터

석쇠불고기집 '개떼놀이터'는 인천 본점에서 시작해 경기도 용인시, 남양주시, 충남 아산시 등 전국 곳곳에 퍼진 반려견 동반 식당이다. 각 지점은 직영 혹은 가맹 등의 방식이 아니라 지인 간에 자율적으로 운영한다고 한다. 지점마다 메뉴 및 가격, 휴일 등이 다르므로 출발 전 전화로 문의하길 권한다. 용인점의 경우, 안전사고에 대비해 대형견은 매주 수요일에만 입장 가능하다. 맹견 종류는 입장할 수 없다. 개떼놀이터의 특징은 식당 바깥에 반려견들이 뛰놀 수 있는 넓은 놀이터가 마련되어 있다는 점이다. 용인점에는 500평 규모의 잔디가 깔려 있으며 놀이터(운동장) 입장 시 인당 1만 원을 받는다. 입장료에 음료 한 잔이 포함된 가격이다. 석쇠불고기와 고추장 석쇠불고기 등 간단한 식사는 만 원대에 맛볼 수 있다.

INFO
- 🏠 (용인 기흥점) 경기도 용인시 기흥구 용구대로2335번길 47
    (천안아산점) 충청남도 아산시 배방읍 배방산길 185
    (남양주) 경기도 남양주시 진건읍 사릉로280번길 7
- ★ (용인) 031-282-2355, (남양주) 031-529-9955, (아산) 041-549-2750
- ⚙ mydogyongin.modoo.at 🕚 11:00~22:00 (3월 26일 휴무)
- 📄 아메리카노, 석쇠불고기 타파스 등

1 "봐주지 않겠어" 경주를 준비하는 두 반려견
2 자유를 만끽하는 반려견들
3, 4 탁 트인 개떼놀이터의 공간

용인 Eat & Drink 3

반려견의 원더랜드
숲 속 애견랜드

드넓은 운동장에서 반려견들이 뛰어놀 수 있는 곳. 소형견과 중형견, 대형견에 따라 각각 놀이터가 마련되어 있어 스트레스를 받지 않고 즐길 수 있다. 바로 아래 카페도 마련되어 있어서 반려들이 뛰어노는 동안 반려인도 편안한 시간을 보낼 수 있다. 차량 주차는 위쪽에 가능하다. 다만 자갈밭이 있어 굽 있는 신발은 피하는 것이 좋다.

INFO
- 경기 용인시 기흥구 동백죽전대로175번길 13 ★ 031-274-0921
- 11:00~18:00   견주 1인 7천 원, 소형견 5천 원
- 생맥주세트, 피자 등
- 애견샤워 (대형)1만 원, (중형)8천 원, (소형)5천 원

용인 Accommodation1

용인 핫스팟 근처 숙소
별바라기 펜션

사장님 부부의 친절도가 유명한 곳이며, 펜션 내·외부의 청결함도 남다르다. 독채형으로 두 개의 객실이 마련되어 있으며, 각각의 객실은 30평, 40평으로 단체를 위한 대형룸이다. 두 개의 독채만 운영하기 때문에 편안하고 쾌적한 경험을 할 수 있다는 점이 이곳만의 자랑이다. 각각의 독채는 개별 바비큐장을 갖춰서 서로 마주칠 일이 없고, 방한과 방음도 잘 돼 단체 MT, 워크숍 장소로도 아주 적당하다. 콘도처럼 모든 시설이 갖춰져 있어 지내기에 부족함이 없다.

INFO
- 경기도 용인시 처인구 이동면 안터로45번길 24-15 (시미리 152-31) ★ 010-3938-1969
- mpension.net   비수기 주중 기준 16~25만 원 (요일 및 성수기 여부, 객실 타입에 따라 상이)
- 3~4kg 미만 소형견 1마리 동반 가능. 반려견 입장 무료

양주 Place1

핑크빛 꽃의 성지
양주체험관광농원(나리공원)

양주시는 매년 양주시 광사로의 양주체험관광농원 12만 4308㎡ 부지를 천일홍, 핑크뮬리, 댑싸리, 황화코스모스 등 50여종의 다채롭고 아름다운 꽃으로 꾸미고 있다. 사계절 꽃밭을 표방하고 있는 이곳은 꽃양귀비, 유채꽃, 튤립 등을 시작으로 각종 SNS를 장식하고 있는 천일홍, 핑크뮬리, 댑싸리, 황화코스모스 등으로 전국 각 지역에서 몰려드는 관람객들의 발길이 끊이지 않는 곳이다. 최근에는 특히 핑크뮬리 4대 성지로 손꼽히면서 전국적인 관광 명소로 자리매김하고 있다. 아쉽지만 꽃이 지는 겨울에는 폐장한다.

핑크뮬리 물결로 가득 찬 공원

INFO
🏠 경기 양주시 광사로 131-66

양주 Place2

반려견과 함께 등반 미션을
감악산

산 이름에 '악'자가 들어가면 산행이 힘들어 '악' 소리가 난다는 말이 있다. 그만큼 가파르다는 의미다. 그러나 경기도 양주시의 감악산은 다른 악산에 비해 상대적으로 수월한 편에 속한다. 등산로는 인파가 붐비는 파주 범륜사 코스가 아닌 양주 신암저수지에서 시작되는 코스를 선택하면 한적한 산행이 가능하다. 가다 보면 대형 반려견과 산행하는 견주도 종종 발견할 수 있다. 감악산은 산 정상을 중심으로 북서쪽은 파주시, 북동쪽은 연천군, 남동쪽은 양주시 등 세 지역에 걸쳐져 있는데, 각 지역마다 감악산 둘레길 코스도 마련돼 있다. 등산에 자신이 없다면 산과 호수를 끼고 반려견과 함께 둘레길을 걷거나 출렁다리까지 짧은 산행을 즐기는 것도 좋겠다.

INFO
- 경기도 양주시 남면 신암리 (양주 신암저수지 코스)
- (양주시 종합홍보관) 031-8082-4114
- (양주시 종합홍보관) pavilion.yangju.go.kr

양주 추천 여행지

양주시립회암사지박물관

반려견과 함께 할 수 없는 곳이라 아쉽지만, 서울로 돌아오는(양주 시청 방면) 길이라면 양주시의 대표 명소 '양주회암사지박물관'에 잠시 들러 아이들과 역사 공부를 하는 것도 좋겠다. 이곳에서는 600여년의 역사를 간직한 회암사지를 만날 수 있다. 도자기류와 기와류 유물 등 고려 말부터 조선 초까지 왕실의 사찰로 쓰였던 '회암사'의 흔적이 이곳 박물관에 고스란히 담겨 있다.

INFO
- 경기도 양주시 율정동 299-1
- 031-8082-4187   museum.yangju.go.kr
- 11월~2월 09:00~17:00, 3월~10월 09:00~18:00
  입장은 폐관 한 시간 전까지 가능, 매주 월요일 휴무
- 성인 2천 원, 14세 이상 18세 이하 청소년 및 군인 1천 5백 원, 초등학생 1천 원
  7세 이하 유아 및 65세 이상 노인 무료

쁘띠프랑스

가평에는 프랑스를 다녀온 듯 아름다운 유럽식 건축물들이 모인 곳이 있다. 작은 프랑스를 뜻하는 '쁘띠프랑스'다. 이미 각종 드라마나 영화 등의 배경지로 유명세를 톡톡히 치렀다. 중국인을 비롯한 동남아 여행객들에게도 인기 만점인 곳이

다. 쁘띠프랑스 골목골목마다 흥을 돋울 수 있는 공연들이 펼쳐진다. 기뇰 인형극, 마리오네트 공연, 오르골 시연과 설명, 초능력 타임 등 다양하다. 특히 겨울을 맞아 따스한 불빛들로 가득 찬 쁘띠프랑스는 연인들이 찾기 알맞다. 반려견과의 동반 출입이 불가능하다는 점이 아쉽다.

1 유럽 도시에 와 있는 듯한 분위기를 자아낸다.
2 파스텔톤 건물을 배경으로 사진 찍는 시민들

INFO
- 경기도 가평군 청평면 호반로 1063 (고성리 616-2)
- 02-1544-3913   pfcamp.com/kr   09:00~18:00
- 성인 1만 원, 청소년 7천 원, 소인 5천 원

양주 Accommodation 1

감악산 자락의 정취를 느끼며
그린빌2 애견캠핑장

그린빌2애견캠핑장은 애견인들 사이에서 가장 많이 알려진 곳이다. 경기도 양주시 남면 신암호수가에 있는 반려견 전용 캠핑장으로, 감악산 자락이라 공기도 맑고 경치 또한 수려하다. 서울에서 1시간 거리에 있어 오고 가기에도 큰 부담이 없다. 반려견과 함께 하루 나들이도 가능하며, 수영장과 바비큐 시설도 사용이 가능하다.

INFO

- 경기도 양주시 남면 감악산로514번길 468-60 (신암리 169-1)
- 010-7920-1011 ☼ 그린빌2.zistar.kr
- 1박 소형견(1~5kg) 4만 5천 원, 중형견(6~20kg) 5만 원, 대형견(21kg) 5만 5천원
- 당일 방문시 소형텐트 치는 경우 1만 원 추가 (전기요금 포함) 사람 추가시 1인 5천 원, 반려견 추가시 1마리당 소형 5천 원, 중형 1만 원, 대형 1만 5천 원
- 애견 운동장 (그늘막 및 나무테이블 포함), 수영장, 바비큐 시설 등 추가 비용

가평 Accommodation1

반려견이 편한 진정한 휴양지
행복한정원 펜션

가평 호명산 기슭에 위치한 행복한정원 펜션. 주변이 산으로 둘러싸여 있어 공기가 맑고, 아침이면 산새 소리를 들을 수 있다. 비포장도로를 따라 이곳에 들어서면 파라솔이 펼쳐진 넓은 정원이 먼저 눈길을 끈다. 나무로 지어진 건물의 외관만큼 객실 인테리어도 깔끔하고, 전 객실에 바비큐 가능한 개별 테라스가 설치되어 있다. 이곳은 반려견을 위한 시설이 잘 갖춰져 있는 편이다. 넓은 야외 수영장과 반려견 전용 수영장이 함께 있어 숙박객뿐만 아니라 반려견들까지 즐거운 시간을 보내기에 충분하다. 반려견과 함께 출입 가능한 애견 카페도 마련되어 있다. 케이크, 꽃바구니, 풍선 등으로 객실을 화려하게 꾸며줘, 특별한 추억을 만들어줄 것이다.

INFO
- 경기도 가평군 가평읍 분자골로 234 (산유리 725)
- 010-9457-9883 happypark.kr
- 비수기 주중 기준 10~16만 원 (요일 및 성수기 여부, 객실 타입에 따라 상이)
- 5kg 이하 소형견만 동반 가능. 객실 요금에 소형견 1마리 동반 가격 포함 2마리 이상일 경우, 1마리당 2만 원 부과

가평 Accommodation2

오래된 내 반려견과 여유를 즐기고 싶다면
스위트몽 펜션

경기도 가평 상면에 자리잡은 애견 펜션 '스위트몽'은 전통과 연륜이 묻어나는 곳이다. 15년 이상 노련한 운영자의 손길이 닿아 모든 것이 물 흐르듯 편안하고 만족스럽다. 끊임없는 개보수를 통해 펜션 곳곳이 아름답고 그야말로 애견인들의 감성을 자극하는 면들을 갖추고 있다. 아름답고 뾰족한 유럽식 지붕들이 즐비하고, 잔디밭도 상당히 넓어서 애견들이 뛰어놀기도 좋다. TV에 출연한 적도 많다 보니 주위에 크고 작은 애견 펜션들이 따라 생길 정도다. 그렇지만 숙박객은 최소한으로 받는다. 그만큼 편안하게 즐기라는 배려가 숨어 있다. 단점을 꼽자면 입소문이 나다 보니 예약이 여름

INFO
- 경기도 가평군 상면 축령로 102 ★ 031-585-6155, 010-3372-6155
- sweetmong.com 입실 14:30~퇴실 11:30
- 1박에 13~30만 원 (숙소, 시설사용에 따라 요금 상이, 홈페이지 참조)

성수기까지 풀로 차 있다는 것. 이렇다 보니 하루 3팀에 한해서 당일치기 소풍도 받는다. 소풍을 오는 팀은 오후 1시부터 6시까지 당일로 작은 오두막을 이용할 수 있다. 수영장과 수심 낮은 소형견 전용 풀은 물론 온수 스파 풀까지 마련돼 있다. 강아지 셀프 목욕실과 각종 샴푸, 드라이룸도 구비돼 있다.

가평 Accommodation3

반려견과 자연의 낭만을 느끼다
네이처스토리 펜션

일상에서 벗어나 힐링하기 좋은 낭만적인 공간이다. 자연에서 바비큐파티, 낚시, 수영을 즐기는 것은 물론 반려견과 함께 여행하기에도 좋은 펜션이다. 특히 이곳은 넓은 잔디밭에서 자유를 만끽하는 반려동물들을 바라볼 수 있는 장소로 각광받고 있다. 오르내리기 부담 없는 장애물들도 설치돼 단조롭기 쉬운 애견들의 펜션 라이프에 활력을 불어넣어준다. 청정한 계곡은 물론 잘 가꿔진 수영장마저 갖추고 있어 여름철 이용에 더욱 편리하다. 드넓은 잔디밭에는 글램핑식 가제보가 설치돼 있어 마치 외국에 온 듯하다. 잔디 위의 아늑한 분위기에서 짧지만 깊이 있는 소풍을 즐겨보자. 안타깝게도 반려견과 숙박은 불가능하다고 한다.

INFO
- 경기도 가평군 조종면 연인산로 474번길 91-104 (마일리 89번지)
- 010-3153-4382, 010-6676-4382　nslove.co.kr
- 바베큐그릴 사용 (숯 별도)

남양주 Place 1

폐역을 거닐며 추억에 잠기다
능내역

남양주 조안면은 서울을 탈출해 양평으로 가는 길목에 있는 지역으로 슬로시티로 지정된 곳이기도 하다. 지금은 폐역이 된 능내역은 옛 정취를 느끼게 해주는 아름다운 곳이다. 양평 오가는 길에 들러 반려견과 함께 인생샷을 건져보는 것도 좋겠다. 능내역에서는 자전거를 빌려 탈 수도 있으며, 근처에 정약용이 태어난 마현마을과 다산유적지가 있다.

INFO
🏠 경기도 남양주시 조안면 다산로 566-5 (능내리 131-1)
★ (남양주 시청) 031-592-4900   🕐 00:00~24:00

남양주 Place2

버드나무의 향연을 느끼다
물의정원

1 액자 프레임에서 포즈를 취하는 반려견
2 강변에서 바라본 버드나무의 고즈넉한 아름다움

자전거, 산책을 선호한다면 '물의정원'을 좋아하겠다. 그러나 이곳은 실상 반려견 동반 산책코스로 최고로 손꼽히는 곳이다. 물의정원은 2012년 한강 살리기 사업(4대강 사업)으로 조성한 48만4천188㎡ 면적의 수변생태공원이다. 수변을 따라 산책로와 자전거도로가 시원하게 깔렸다. 조안면에서 양서면으로 넘어가는 길목에 있는 이곳은 특히 봄이면 새싹을 틔우는 버드나무 강변길이 매력적인 곳이며, 가을에는 꽃양귀비에 이어 노랑코스모스가 가을정취를 느끼게 한다.

INFO
🏠 경기 남양주시 조안면 북한강로 398
⭐ 031-590-2783   👤 무료

반려견과 함께하는 여행엔 펫티켓은 필수!

남양주 Eat & Drink1

정원에서 노니는
개똥치는사람들

반려동물을 기르는 사람들에게는 반려견 동반 식당이 있는 것만으로도 행복한 일이다. 같은 비용을 지불하더라도 왠지 눈치를 보며 테라스 한쪽에서 후다닥 식사를 하는 둥 마는 둥 하고 나오는 경험을 해본 사람도 많다. 이곳 '개똥치는사람들'은 식사를 하면서 인조잔디에서 뛰어노는 반려견을 지켜볼 수 있는 곳이다. 실외 원두막이 마련돼 있어 개별적으로 식사를 할 수 있는 점이 특징이다. 후식으로 카페도 저렴한 가격에 이용 가능하다. 반드시 목줄을 착용해야 하며 배변패드는 필수로 지참해야 한다. 공휴일은 전화로 예약 후 찾는 게 좋다.

INFO
- 경기도 남양주시 석실로653번길 18(금곡동 509-3)
- 031-591-5565 instagram.com/11dudals11
- 월요일 16:00~22:00, 화~일요일 12:00~22:00
- 한우 안심, 제주오겹살 등

양평 Place1

멍멍이와 함께 문학기행을
소나기마을

문학도뿐만 아니라 감수성 예민한 청소년들의 가슴을 촉촉하게 적셨던 소설 '소나기' 작가 황순원의 작품세계를 볼 수 있는 소나기마을은 경기도 양평 서종면 수능리에 자리 잡고있다. 소설 속 배경들을 현실로 꾸며 놓았는데, 수숫단이 쌓인 오솔길과 소년이 소녀에게 한아름 꺾어준 들국화, 마타리꽃이 만개한 야생화 동산에서 소설 속 한 장면을 재현해보는 것도 좋겠다. 잠시 비를 피할 수 있는 원두막도 빠질 수 없다.

소나기마을에는 손편지를 쓸 수 있는 공간이 따로 마련되어 있다. 다 쓴 편지는 우체통에 쏙~

INFO
- 경기도 양평군 서종면 소나기마을길 24
- 031-773-2299
- 3~10월 09:30~18:00, 11~2월 09:30~17:00

양평 Place2

저물어 가는 석양 아래서
봄파머스가든

미술관 겸용이라서 곳곳에 설치미술들이 자연이랑 함께 어우러진 아름다운 공간이다. 입장료를 내면 봄카페에서 음료를 무료로 마실 수 있다. 반려견은 야외에서는 맘껏 뛰놀수 있으나 내부 식당으로는 데려갈 수 없다. 가든 레스토랑 앞에는 예쁜 강아지 한 마리가 앉아 있다. 뒤쪽 정원과 온실에는 직접 키우는 채소와 과일들도 자라고 있다.

INFO
- 경기 양평군 강상면 강남로 729-46 (병산리 256)
- 031-774-8868 한우크림파스타, 고르곤졸라피자 등
- 1인 7천 원 (성인은 1만 2천 원을 내면 레스토랑 꽃의 음료교환권 을 받는다.)

스피츠 한 마리가 낙엽을 밟으며 신나게 뛰놀고 있다.

양평 Place3

북한강과 남한강이 만나는 물길
두물머리 & 세미원

한국 관광 100선에도 뽑힌 대한민국 대표 생태 관광지, 양평 두물머리는 반려견 동반이 가능한 곳이다. 공식적으로 알림판도 설치돼 있다. 물론 목줄과 배변봉투 등 기본적인 펫티켓은 필수다. 두물머리 내 카페 역시 소형견에 한해 함께 입장이 가능하다고 한다. 다만 공원 내 세미원과 세미원으로 향하는 배다리의 경우 반려견뿐 아니라 자전거도 출입할 수 없다. 세미원은 물을 보면 마음을 씻고 꽃을 보면 마음을 아름답게 하라는 의미를 지닌 자연공원이다. 물과 꽃이 조화롭게 이루어져 관광객이 찾는 명소로, 최근에는 LED 전구로 꾸며져 야경 명소로도 소문이 났다.

그 유명한 두물머리의 '돛단배'

INFO
🏠 경기도 양평군 양서면 양수로 93
⭐ 031-775-1834　🕘 09:00~21:00

INFO
🏠 (두물머리입구 공영주차장) 경기도 양평군 양서면 양수리 1157
　(교량하부 공영주차장) 경기도 양평군 양서면 양수리 681-1
⭐ 031-770-1001　🕘 00:00~24:00　👤 무료

양평 Place4

보기 드문 산나물과 야생화가 풍성

산나물 두메향기

산나물과 야생화를 테마로 하는 공원이다. 15만㎡의 공간에 참취, 곰취, 당귀, 곤드레나물, 산마늘 등 각종 진귀한 산나물이 자라는 13개의 테마정원이 있어 계절에 따라 각기 다른 산나물을 관찰 또는 채취할 수 있다. 이밖에 소나무, 자작나무, 참나무, 단풍나무 등 다양한 수종의 나무들로 이루어진 산책로가 조성되어 있어 반려견과 걷기에도 그만이다. 이곳의 장점은 산나물을 소재로 한 메뉴를 갖춘 레스토랑을 운영하고 있다는 것. 직접 재배한 산나물로 메뉴가 꾸며져 있음에도 가격도 저렴하다. 4가지 산나물과 표고버섯, 팽이버섯, 호박, 당근 등의 채소와 함께 직접 만든 된장으로 비벼 먹는 비빔밥 세트는 필수 코스다. 겨울철에는 테마정원을 LED 전구로 꾸민 별빛축제를 열고 있다. 특히 석양에 방문하면 분위기가 좋다.

1 공원 산책을 기다리는 허스키 숙녀 보라
2 겨울철에는 LED 빛 축제가 펼쳐진다.

INFO
- 경기도 양평군 양서면 목왕로592번길 62-59
- 031-774-3114 doomeh.kr
- 10:00~21:00

양평 Accommodation1

반려견과 캠핑카에서 하룻밤을
미코 펜션

양평의 조그마한 마을에 있는 휴양형 펜션인 미코 펜션은 다양한 부대시설을 자랑한다. 특히 용문역에서 차로 10분 거리에 있어 가깝고 편리하다. 이곳의 장점은 대중교통으로도 이용이 가능하다는 데 있다. 지하철 용문역이나 강변터미널에서 용문으로 가는 버스를 이용하면 된다. 터미널에서 전화하면 주인이 직접 픽업해주기도 한다. 한 가지 장점을 더 꼽자면 무엇보다 드넓은 잔디밭이라 할 수 있다. 또한 큰 사이즈의 카라반을 갖추고 있어 캠핑 느낌을 즐기려는 사람들에게도 인기를 얻고 있다. 특히 월풀을 즐길 수 있는 커다란 욕조가 준비돼 있다. 적당히 물을 채우고 스파를 즐기다 보면 스트레스가 확 풀린다. 함께 운영하는 북카페에서는 강아지 목욕도 가능하다. 물론 드라이 룸과 드라이기도 갖추고 있다. 베란다로 나가보면 바비큐가 가능한 공간과 개인 수영장이 마련되어 있다. 겨울에 가면 빙어낚시와 썰매를 즐길 수 있는 곳이 있다.

INFO
🏠 경기도 양평군 지평면 바깥섬부리1길 3-29 (망미리 900)
⭐ 070-4806-2290, 010-9397-2290 ⚙ micopension.com
👤 주중 2인 기준 9~19만 원 (요일 및 성수기 여부, 객실 타입에 따라 상이)
📢 10kg 이하 소형견, 객실당 3마리까지 가능. 1마리당 2만 원 부과

양평 Accommodation2

물놀이에 제격인 숙소
버드힐 펜션

　　용문산 입구 쪽 덕촌마을을 흐르는 계곡에 위치한 반려견 동반 펜션. 얕은 개울이 숙소 앞으로 흘러 여름에는 물놀이가 가능하기 때문에, 여름철에 놀러오기에 좋다. 또한 펜션 인근에 산책로가 있어 쉬기에 더없이 좋은 곳이다. 총 4개의 객실을 갖추고 있는데, 청사초롱 방을 제외하고는 개별 테라스에서 독립적인 바비큐가 가능하다. 개울가를 바라보며 저녁을 즐길 수 있는 야외 바비큐장도 따로 마련되어 있다. 비록 규모는 작지만 작은 잔디마당도 있어 반려견들이 놀기에도 부족함이 없다.

INFO
- 경기도 양평군 용문면 덕촌길 231-7 (덕촌리 313)
- 031-774-5766, 010-3959-0245
- www.birdhillps.co.kr
- 입실 14:00~퇴실 11:00
- 비수기 주중 2인 기준 6만 원 (요일, 성수기, 객실에 따라 상이)
- 객실당 소형견 3마리까지 가능

양평 Accommodation3

마치 산림욕을 하듯
용문행복한집 펜션

용문사가 15분 거리에 있으며, 3분 이내 거리에 애견동반카페와 식당으로 유명한 메르헨146이 자리잡고 있어 아주 편리하게 여가를 보낼 수 있는 곳이다. 펜션 앞에는 간단하게 발을 담글 수 있는 맑은 개울이 있으며, 5분 정도 걸어가면 수영을 할 수 있는 계곡도 있다. 객실마다 숲을 향해 전면 테라스가 설치되어 있어서, 테라스에서도 산림욕을 하는 기분을 느낄 수 있다. 모던한 분위기의 외관을 갖춘 건물은 1층에 가족을 위한 가족 룸이 좌우에 하나씩 배치돼 있고, 2층은 단체손님을 위한 넓은 공간으로 운영 중이다. 반려견을 위해 배변판과 식기, 수건을 준비해줄 정도로 반려견에 호의적이기 때문에 강아지와 함께 편안히 쉬다 오기 좋다.

INFO
🏠 경기도 양평군 용문면 덕촌길 231-5 (덕촌리 313-2) ★ 031-773-9854, 010-6735-1152
⚙ happypension.net 👤 비수기 주중 2인 기준 8~9만 원 (요일, 성수기 여부, 객실 타입에 따라 상이)
🚩 소형견 2마리까지 무료, 대형견은 1마리부터 1만 원씩 부과

양평 Accommodation4

통나무 집에서 느끼는 낭만
로그캠프 펜션

몇 안 되는 통나무로 지은 애견 펜션이다. 양평 용문산 자락에 있다. 건물 주위로 소나무 숲이 둘러싸고 있어, 솔내음 가득한 바람과 함께 맑은 산새소리를 들을 수 있는 자연 그 자체의 숙소다. 여름에는 맑은 물을 자랑하는 펜션 앞 연수천에서 물놀이를 즐길 수도 있다. 특히 겨울에는 이곳의 진가가 십분 발휘된다. 바로 통나무 건물에 눈이 내려앉은 모습과 어우러지는 설경이 아름답기 때문이다. 펜션은 모두 복층의 독채형 구조로 건축돼 있다. 객실 역시 천연 목자재로 지어져 객실에 들어서면 은은한 나무 향기가 난다. 반려견이 뛰어놀기에 충분한 잔디마당이 펼쳐져 있고, 입구 쪽에는 팔각정이 있어 차를 마시고 휴식을 취하기에 좋다.

INFO
- 경기도 양평군 용문면 연수리 41 ★ 010-8654-5772 ✿ logcamp.co.kr
- 비수기 주중 기준 8~28만 원 (요일 및 성수기 여부, 객실 타입에 따라 상이)
- 소·중형견 2~3마리까지 동반 가능, 1마리당 1만 원 부과, 세부사항은 전화로 상담

양평 Accommodation5

모던한 느낌의 청정 숙소
더 큐브 펜션

더 큐브 펜션은 수도권 최고의 휴양도시 양평군 단월면에 자리잡은 프리미엄 애견 펜션이다. 무엇보다 외국에서나 봤을 법한, 미술관을 연상시키는 외형이 인상적이다. 특히 복층 구조 건물에 개인 수영장을 갖춘 풀빌라 숙박공간이 이채롭다. 아이들이나 반려견이 자유롭게 뛰어놀 수 있는 넓은 운동장을 비롯, 펜션 옆으로 흐르는 고승천 계곡과 산책로, 그리고 아름다운 야경도 자랑거리다. 건물 앞뒤로 배치된 총 3곳의 잔디정원 및 카페 정원은 울타리가 설치돼 있어 반려견이 편하게 뛰어놀 수 있다. 펜션 단지 내에 1급수 물이 흐르는 계곡에서 반려견과 함께 물놀이를 즐길 수도 있다.

INFO
- 경기도 양평군 단월면 양동로 225 (삼가리 17-2)
- 031-774-5451, 010-7619-0911 cubepension.com
- 비수기 주중 기준 13~15만 원 (요일 및 성수기 여부, 객실 타입에 따라 상이)
- 10kg 이하 소형견 4마리까지 가능, 5마리 이상부터 1마리당 1만 원 부과
  배변패드, 식기, 전용 샴푸, 전용 드라이기 제공

| 군포 Place |

군포역 초역세권 산책코스
당정근린공원

당정근린공원은 지하철 당정역 3번 출구 바로 앞에 있어 접근성이 좋다. 둘레길도 있어 반려견과 산책하기에 적합한 곳이다. 공원 내부엔 반려견 입장이 가능하고 목줄과 배변봉투 지참은 필수'라는 안내문도 붙어 있다. 둘레길은 당정역부터 베네스트 골프장까지 4.6km에 달한다. 평탄한 산책길 가운데 폭포가 쏟아지는 곳이 있어 청량감을 준다. 국내에서 서른 번째로 생긴 평화의 소녀상도 만날 수 있다.

INFO
🏠 경기도 군포시 당정동 761 일원   ★ (군포시 공원녹지과) 031-390-0734
🕐 00:00~24:00   👤 무료

분당 Place

분당지역 개린이들의 핫한 놀이터
율동공원 반려견 놀이터

율동자연공원 입구 쪽에도 반려견 놀이터가 있다. 대형견과 중·소형견 놀이터 공간이 분리돼 있으며, 이중문으로 닫혀 있어 반려견이 안전하게 뛰어놀 수 있다. 서울시의 반려견 놀이터와는 달리 반려동물 등록 없이도 출입이 가능하다. 단, 타 반려견과 견주에게 상해를 입힐 수 있는 몇몇 견종에 한해서 입마개 착용은 필수다. 펫티켓을 지켜준다면 공원 산책도 얼마든지 가능한 곳이다. 분당저수지도 끼고 있어 반려견과 힐링하기 딱 좋은 코스다.

1 저수지 부근에선 번지 점프 체험도 할 수 있다.
2 공원을 걷다 보면 세련된 건축 디자인을 마주하게 된다.

INFO
- 경기도 성남시 분당구 문정로 145(율동 318)
- 031-702-8713, (성남시 공원과) 031-729-4382~6
- 09:00~18:00 무료

이천 Place

경의선따라 걷는다
달려라 코코

영동고속도로 양방향에서 모두 접근이 가능한 덕평휴게소 내의 '달려라 코코'는 국내 최대 규모의 반려견 복합시설이다. 자연 속에서 동물사랑을 배우고 반려견과 함께 힐링할 수 있는 공간으로, 귀엽고 상큼한 외형 덕분에 애견인들로부터 사랑 받고 있다. 교육을 테마로 하는 에듀파크과 친환경 반려견 놀이터 힐링파크, 그리고 반려견 스포츠클럽 런독스파크 등을 갖추고 있다. 또한 반려견 아웃도어 제품 등을 갖춘 코코몰도 있다. 힐링파크는 야외에 잔디운동장과 언덕지형을 살린 행동풍부화 시설이 마련돼 있으며, 실내에는 코코카페도 있다. 반려견 동반 입장만 가능하며 외부 음식물이나 음료는 반입이 안 된다. 에듀파크는 반려견을 교육할 수 있는 국내 유일의 반려견 체험관으로, 처음 보는 강아지와 인사하기, 강아지 안아보기 등 다양한 체험을 해볼 수 있다. 런독스파크 넓은 인조잔디 운동장과 계단식 관람석, 이동식 수영장, 샤워 및 드라이 시설 등이 있으며, 소형견에게 꼭 필요한 행동과학을 적용해 만든 행동놀이터도 갖추고 있다. 냄새활동, 숨바꼭질, 미로 등으로 반려견에게 색다른 체험을 시켜줄 수 있다.

1 넓은 운동장에서 뛰놀다 잠시 휴식을 취하는 반려견 친구들
2, 3 다양한 시설을 이용하면서 반려견을 맘껏 뛰놀게 하자

INFO

- 경기도 이천시 마장면 각평리 319 덕평휴게소 내
- 031-645-0087, 070-7730-9979 runkoko.com
- 시설별 이용시간 상이, 런독스파크 월요일 휴장
- 인당 1만 원 내, 이용 시설에 따라 상이, 홈페이지 확인

포천 Place

호수 둘레길 걸으며 맡는 자연내음
명성산 & 산정호수

왕건에게 쫓기던 궁예가 망국의 슬픔을 안고 산기슭에서 터뜨린 통곡이 온 산을 울렸다는 곳이다. 울음산을 한자로 표기해 지금의 이름을 얻었다고 한다. 명성산 바로 아래 자리잡은 산정호수는 명성산과 어우러져 아름다운 곳이다. 강아지를 데리고 산책하기도 좋다.

1 산정호수에서 걸어나오는 듯한 조각상
2 수려한 자연을 함께 즐길 수 있는 산책 코스다.

INFO
- 경기 포천시 영북면 산정호수로411번길 89
- 031-532-6135 24시간 개방 sjlake.co.kr
- 경차 1일 1천 원 소형차 1일 2천 원

안성 Place

농협이 운영하는 친환경농장
팜랜드 파라다이스독

농협경제지주 안성팜랜드에서 운영하는 이곳은 애견카페와 3,000평 규모의 넓은 운동장, 애견놀이터, 건조실을 갖추고 있다. 무엇보다도 전 지역 금연 구역이라 쾌적하다. 반려견 운동장도 대형견·중형견·소형견 용으로 나뉘어 있으며 잔디 상태도 좋은 편이다. 투견이나 맹견은 출입이 금지되며 입실 시에는 입마개를 착용해야 한다. 이곳에서는 목장 체험을 포함해 승마 체험도 가능하다.

INFO
- 경기도 안성시 공도읍 대신두길 28 (신두리 451) ★ 031-8053-7988
- 2월~11월 10:00~18:00, 12월~1월 10:00~17:00, (매주 월요일, 설 당일 휴장)
- 성인 (음료 포함) 1만 원, 중소형견 5천 원, 대형견 8천 원
- 대·중·소형견용으로 분리, 목줄 풀고 휴식 가능

하남 Eat & Drink

강아지에게도 갈비찜을 허하라
태극이네 고기 굽는 학교

내가 먹는 맛난 갈비찜을 강아지에게도 먹일 수 있는 식당이다. 반려견용 갈비찜을 판매하기 때문이다. 1견분에 5천 원으로 가격도 부담 없는 편이다. 더구나 반려견을 실내로 모시고 갈비찜을 드시게 할 수 있다는 사실! 신발을 벗고 편하게 앉아서 먹을 수 있는 좌식이라는 점이 매력인 식당이다.

INFO
🏠 경기 하남시 검단산로 267 (창우동 249-8)
⭐ 031-796-9291   🕙 10:00~22:00

화성 Accommodation

제부도의 갯벌을 거닐다
제부도 해랑방 펜션

사랑하는 반려견과 함께 고립된 채 조용한 휴식을 느껴보기 좋을 만한 곳이다. 섬이란 물로 둘러싸여 있다는 점이 특징인데, 제부도는 밀물 때는 그러한 고립감을 느낄 수 있으며, 썰물 때는 길이 뚫려 해방감을 느낄 수 있는 곳이다. 해랑방 펜션은 객실의 독립성이 최고 장점인 펜션이다. 1개 동에 1개의 객실로 이루어져 있는 독채형 펜션이기 때문에 다른 요소들로 인한 불편함을 느낄 필요가 없다. 각각의 객실 사이에도 200여 평의 넓은 공간을 두고 펜스가 설치돼 있고, 주차장, 바비큐장 역시 단독으로 돼 있어 조용하고 넉넉한 여유를 즐길 수 있다. 다만, 밀물과 썰물에 따라 길이 뚫리는 시간을 잘 계산해야 한다. 펜션 사장님에게 물어보면 자세한 시간을 알 수 있다.

INFO
- 경기도 화성시 서신면 해안길 96-2 (제부리 32-16)
- 010-8357-3900   haerangbang.com
- 비수기 주중 기준 6~15만 원 (요일 및 성수기 여부, 객실 타입에 따라 상이)
- 10kg 이하 반려견, 객실당 3마리까지 동반 가능, 1마리당 1만 원 부과 숙박료 별도로 보증금 제도 운영

| 포천　Accommodation |

펫팸족을 위한 캠핑존
포천 캠핑마을

경기도 포천에 위치한 747m 높이 왕방산의 500m지점에 자리잡고 있어 맑고 시원한 공기를 자랑한다.

캠핑마을은 반려견 동반 캠핑장이지만 반려견 전용 캠핑장이라 해도 과언이 아닐 정도로 반려견 프렌들리 정책을 유지하는 곳이다. 여타 캠핑장이나 호텔과 다르게 입실시간이 오전 9시이며, 퇴실시간은 오후 3시라는 것이 큰 매력이다. 짙은 나무 그늘 사이트와 잔디 등이 인기 요소다.

INFO
- 경기도 포천시 신북면 청신로1196번길 ★ 010-2027-0384
- 00:00~24:00 1박 4만 원 camping-land.net
- 전기는 전기담요와 노트북, 100W 이하의 저출력 용품만 가능 전기히터 등 사용시 1만 원 추가
- 음악과 노래 등을 틀면 1차 시정조치, 2차 퇴촌조치

PART 3 강원도

산이면 산, 바다면 바다. 강원도의 자연 속에 몸을 맡기고 있노라면 가슴이 뻥 뚫리는 기분이 든다. 고속도로가 새로 개통된 이래로 강원도는 영남·서울권과 더 가까워졌다. 그럼에도 아직까지 강원도 여행을 망설이는 이유가 있다면, 빈집에 남아 있을 반려견 때문이 아닐까. 생각보다 강원도 곳곳에 반려견과 함께할 수 있는 곳이 많아졌다. 늘 로망으로만 간직하던 반려견과의 강원도 여행, 이제 진짜 함께 떠나보는 건 어떨까.

강릉 Place1

도깨비 배경이 된 바다

주문진항

주문진항 인근 한 횟집의 앞바다를 찾는 발길이 전국 각지에서 이어지고 있다. 선풍적인 인기를 끈 드라마 '도깨비' 촬영지로 알려지면서부터다. 때문에 모래가 유실되는 것을 막기 위해 만든 방사제 끝에는 언제나 셀피를 찍는 사람들로 붐빈다. 반려견과 함께 이곳을 찾은 여행자들도 해변 곳곳에서 눈에 띈다. 당연히 손에는 배변봉투와 목줄이 들려 있다. 배변 처리, 목줄 착용 등의 매너는 강릉 내 해변에서 필수다.

드라마 '도깨비'의 시그니처 빨간 목도리를 둘러맨 반려견 보라

INFO
🏠 강원도 강릉시 주문진읍 해안로 1712-4 (교항리 167-47)
★ 033-662-3639

강릉 Place2

강릉바우길 5구간의 포토천국
강문해변

젊은이들의 괴성이 떠나지 않는 푸른 동해에서 최근 해운대를 능가하는 해변으로 떠오른 곳이 있다. 바로 강문해변이다. 강릉바우길 5구간에 위치해 있으면서 허난설헌 생가로부터 오죽헌으로 이어지는 신사임당길의 시작이기도 한 곳이다. 강문해변은 이곳저곳의 '포토 스팟'을 찾는 재미가 쏠쏠하다. 사랑하는 반려견 혹은 가족, 친구와 포토 액자존 등을 찾아 바다를 배경으로 인생샷을 건져보길 바란다. 주차는 강문해변 앞 무료 주차장에 하면 된다. 주변에는 먹거리도 풍부하다. 작은 포구인 강문항도 인근에 있으며, 강릉 커피빵 본점도 있어 다양한 이벤트와 함께 무료 커피 시음행사도 자주 열린다. 30년째 영업을 해온 근처의 우럭 미역국집 '옛태광식당'도 매력적이다.

INFO
🏠 강원도 강릉시 강문동 182-1 ★ 033-640-4920

강릉 추천 여행지

5천 원 지폐에 나온 그곳

오죽헌

역시 드라마 '사임당'의 효과 덕분인지 오죽헌도 관광객들로부터 큰 인기를 끌고 있다. 오죽헌(烏竹軒)은 검은색 대나무가 집을 둘러싸고 있다는 뜻으로, 율곡 이이 선생이 태어나서 자란 곳이다. 어머니 사임당이 마흔여덟 나이에 세상을 뜨자, 큰 충격을 받은 이이 선생은 무덤 앞에 움막을 짓고 3년 동안 여묘(廬墓)살이를 했다. 그러나 긴 여묘생활에도 슬픔으로부터 벗어나지 못한 그는 금강산으로 들어가 1년을 더 지냈다. 이후 강릉으로 돌아와 11개 조목으로 된 자경문, 즉 '자신을 경계하는 글'을 썼는데, 오죽헌 앞 대문이 '자경문'이라는 이름을 얻게 된 연유다.

오죽헌과 검은 대나무

INFO
- 강원도 강릉시 율곡로 3139번길 24 (죽헌동 201) ★ 033-660-3301, (박물관) 033-660-3304
- 3~10월 08:00~18:30, 11월~2월 09:00~18:00　gn.go.kr/museum
- 성인 3천 원, 청소년·군인 2천 원, 어린이 1천 원

전통 한옥을 만나다
선교장

오죽헌과 더불어 각종 사극의 배경으로 자주 등장하는 곳이다. 선교장은 조선 순조 15년인 1815년에 사랑채인 열화당이 세워졌고, 활래정은 그 이듬해 세운 것을 증손인 이근우가 현재의 건물로 중건했다. 강원도 영동 지역의 건축양식이 잘 보존된 곳으로, 한옥 스테이도 가능하다. 반려견 동반 입장이 불가능한 곳이라 아쉽다면, 선교장 앞에서 시작하는 '경포천 고향의 강' 산책길을 추천한다. 최근 완공돼 데크로드가 잘 마련되어 있고 자전거 여행 코스로도 각광받고 있다.

눈덮인 선교장

INFO
- 강원도 강릉시 운정길 63 (운정동431) ★ 033-648-5303
- 3~10월 09:00~18:00, 11월~2월 09:00~17:00 knsgj.net
- 성인 5천 원, 청소년 3천 원, 8세 이상 어린이 2천 원

강릉 Eat & Drink1

주인집 강아지 '개귀욤'
개스토랑 in 위촌길299

강릉을 찾는 애견인들 사이에 인기를 끌고 있는 애견동반 레스토랑이다. 늘 집을 지키고 있는 주인집 반려견 '기스'도 만날 수 있다.

강아지들이 마음껏 뛰어 놀 수 있도록 펜스가 쳐진 공간이 따로 있어 더욱 인기다. 주차공간도 마련되어 있어 부담 없이 들르기 좋다. 개린이를 위한 각종 간식도 판매중이다.

INFO
- 강원 강릉시 성산면 위촌길 299 (위촌리 655-1)
- 070-7787-4733
- 11:00~21:00 (2, 4주 목요일 휴무)
- 치즈콕매콤불백, 팝만두 등

개스토랑의 반려견 기스

강릉 Eat & Drink2

바다와 커피의 만남
경포해변 일대 카페거리

동해안에서 나는 신선한 해산물, 여기에 깊은 산과 골짜기의 맛깔난 특산물들이 더해지면서 강원도는 그야말로 산해진미의 고향으로 거듭나고 있다. 특히 강릉은 점점 '커피의 도시'로 인식되고 있다. 안목해변 커피거리 등 언제부턴가 강릉에 커피를 마시러 오는 사람들이 눈에 띄게 늘었다. 경포호 주변과 경포해변에도 테라로사 등 내로라하는 커피숍들이 즐비하다. 이중 한곳을 찾아 커피 명장이 손수 로스팅한 커피를 마셔보자. 4천 원짜리 '오늘의 커피' 한잔이면 코발트빛 바다를 바라보며 커피 향을 즐기는 호사를 누릴 수 있다. 일반적으로 경포해변 일대 카페들은 반려견들의 카페 실내 출입을 금지하고 있다. 다만 테라로사 등 넓은 테라스를 보유한 몇몇 카페의 경우 야외에 한해 반려견 동반을 허용하기도 한다.

INFO
🏠 강원도 강릉시 안현동 산1-1, 경포해변 ★ 033-640-5129

강릉 Eat & Drink 3

커피 거장을 만날 수 있는
보헤미안박이추 커피

강릉이 커피의 본향이 된 이유는 바로 유명한 로스터들이 있기 때문이다. 보헤미안박이추 커피는 야외 테라스에 한해 반려견 동반이 허용되는 카페로, 국내 바리스타 1세대가 운영하는 곳이다. 직접 맛본 사람들은 그 풍미에 고개를 절로 끄덕인다고 한다. 커피 종류도 다양해 입맛에 맞게 골라 마실 수 있다. 사천 앞바다 3층 건물에 카페와 로스팅 공장이 있다. 운이 좋으면 박이추 선생이 직접 커피를 볶는 모습을 지켜볼 수도 있다. 1년 열두 달 커피 볶는 향이 해변까지 퍼질 정도라 하니, 한번쯤 반려견과 함께 이곳을 찾아 여유를 만끽하는 것도 좋겠다.

박이추 선생이 직접 커피를 볶고 있다.

INFO
- 강원도 강릉시 사천면 해안로 110
- 033-642-6688 bohemian.coffee
- 주중 09:00~22:00, 주말 08:00~22:00
- 하우스 블랜드, 에스프레소 블랜드, 카페오레 등

| 강릉 | 추천 맛집 |

잘 알려지지 않은 현지인 냉면 맛집
대동면옥

강원도를 대표하는 먹거리 중에는 북한과 관련이 깊은 음식이 많다. 6·25전쟁 이후 북한 피란민들이 강원도에 자리를 잡으며 먹거리를 개발했기 때문이다. 따라서 실향민들의 손을 거쳐 완성된 강원도 음식이 즐비하다. 대동면옥은 실향민들의 냉면 맛이 살아 있는 식당이다. 담백하고 진한 육수 맛을 느낄 수 있는 이북 냉면을 즐겨보는 건 어떨까.

냉면 숨은 맛집 대동면옥

INFO
🏠 강원도 강릉시 주문진읍 연주로 438
⭐ 033-662-0076
🕐 10:30~21:00 (연중 무휴)
📄 물막국수, 비빔막국수, 회냉면 등

강릉 Accommodation 1

강아지를 위한 숙소
프렌즈 펜션

강아지들이 뛰어놀 수 있는 잔디운동장이 깨끗하고 위치가 좋으며 방도 깔끔하고 넓어서 호평을 받는 곳이다. 애견 펜션이라는 이름을 사용하는 펜션이 다수가 있지만 대형견까지 수용하는 펜션은 이곳뿐이다. 대부분 펜션 소개 홈페이지에 나온 사진들은 포토샵으로 더 낫게 보이도록 하는 것이 일반적인데, 이곳은 오히려 그 반대다. 홈페이지 사진을 보고 온 사람들이 깜짝 놀랄 만큼 방이 넓다. 베란다에서 바로 애견들이 뛰어놀 수 있는 마당과 연결돼 있는 것도 장점이다.

INFO
- 강원 강릉시 하남길 117-4 (안현동 506-1)
- 010-8901-8555
- 입실 15:00~퇴실 11:00
- ilovefriends.net

강릉 Accommodation2

신축 애견 펜션

나인원 펜션

최근에 신축한 건물로, 건물도 아주 깨끗하고 인테리어며 화장실까지 어떤 면이든 만족스럽다는 평가를 받는 곳이다. 경포해변이 가까운 애견 펜션이라 더욱 편리하게 이용할 수 있다. 경포해변까지는 차로 약 3분가량 걸리고 샌드파인 골프장도 1분 거리다.

INFO

🏠 강원 강릉시 안현동 743-5 ★ 1644-9565 ⚙ nineoneresort.com

👤 소형견 (~4kg) 1만 원, 중대형견 (4~10kg) 2만 원, 반려묘 2만 원

🏁 객실당 최대 2마리까지 가능, 10kg 이상 대형견 (골든리트리버 등)은 입실 제한

ANF
을 가지고 오시면
맛있는 간식을 드려요!!
(단, 이 따뜻할 때)

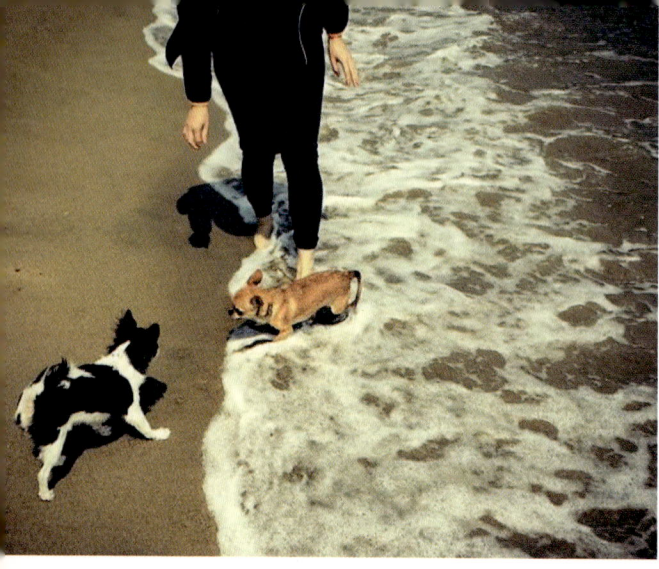

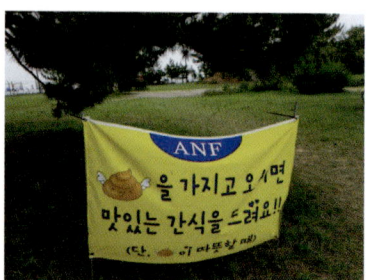

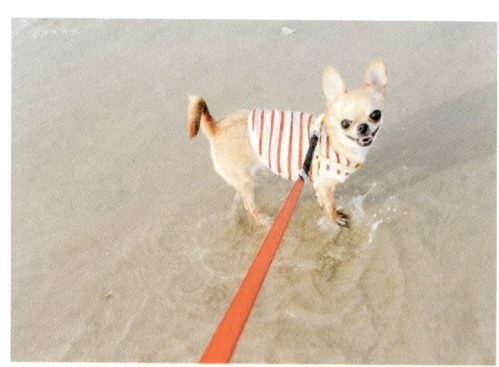

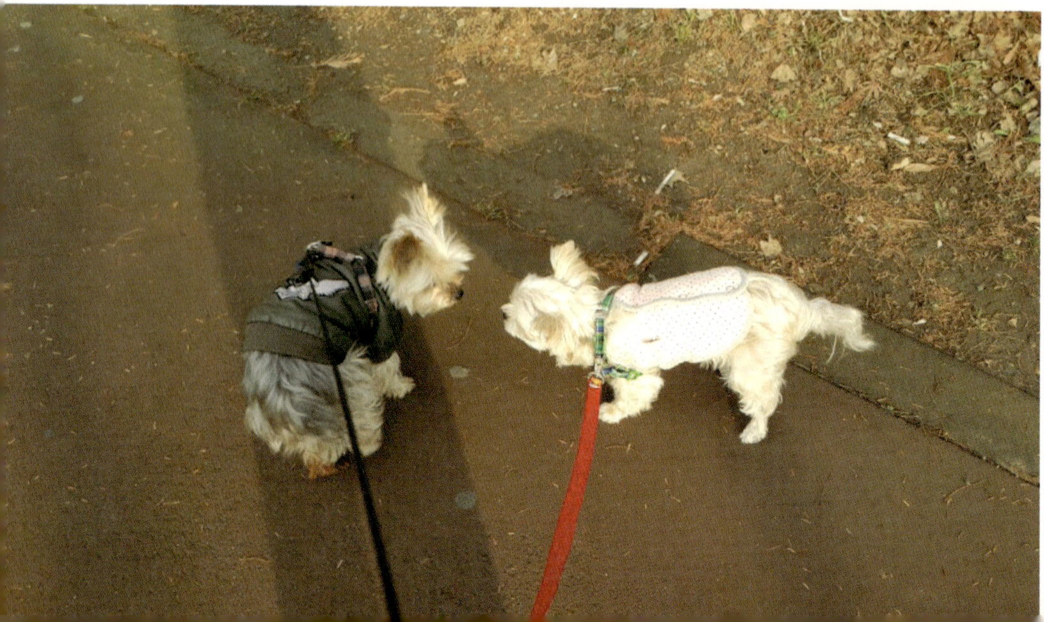

양양 Place1

국내 유일 반려견 전용 해수욕장

멍비치

국내에선 유일무이한 반려견 전용 해변으로, 전국 각지에서 찾아올 만큼 유명세를 탔다. 덕분에 2호점까지 생겼다. 1호점은 남애해변 부근에, 2호점은 강릉과 양양의 경계 부근인 지경공원 근처에 있다. 반려견을 동반하지 않은 일반 손님은 받지 않으며, 여느 동해안의 해수욕장과 동일하게 7~8월에 개장한다. 반려견과 함께 헤엄을 칠 수도, 모래찜질을 하며 햇살을 만끽할 수도 있다. 규모가 그리 크진 않지만 수심이 많이 깊지 않아 안전한 물놀이가 가능하다. 반려견 전용 바닷가인 만큼 위생 관리도 나름 철저하다. 매일 개장 전후로 모래 청소를 실시하며, 청결 유지를 위한 이벤트를 진행하기도 한다. 2017년의 경우 따끈따끈한 배변을 본부석으로 가져가면 수제간식으로 교환해주는 이벤트도 진행했다. 펫티켓을 지키면서 반려견과 신나게 수영하며 여름을 보내는 것도 좋겠다.

INFO
- (멍비치 1호점) 강원도 양양군 현남면 광진리 78-20
  (멍비치 2호점) 강원도 양양군 현남면 지경리 지경공원 앞 해변
- 064-740-6000 cafe.naver.com/grayonhjj 09:00~18:00
- 성인 3천 원, 반려견 1만 원 (파라솔 대여비 및 샤워비 별도)
- 1인 2마리까지 가능, 반려견이 없는 일반 손님은 입장 불가, 대형견은 중성화수술한 리트리버/콜리/쉽독종만 입장 가능

양양 Place2

깊고 푸른 계곡의 서늘함을 느껴보고 싶다면
갈천계곡

강원도 양양 깊숙한 계곡 갈천에 자리를 틀고 앉아 있노라면 계곡물이 냉장고에 얼린 물보다 시원해 1분 이상 들어가 있기가 힘들다. 송림이 우거진 갈천은 강아지를 데리고 들어갈 수 있다. 바글거리는 텐트 사이에 그럴듯한 타프를 펴고 있어도 큰 부담이 없다. 바닷가와도 가까워 해산물을 맛보기도 좋다. 반려견을 데리고 여행하는 분이라면 무더운 여름철 갈천에 한번 다녀오길 권한다.

우거진 송림과 맑은 계곡이
숨겨진 갈천

INFO
- 강원도 양양군 서면 갈천리 산 77
- 033-670-2251
- 무료

양양 Place3

작지만 알찬 바다

남애항

남애항은 강릉 심곡항, 삼척 초곡항과 더불어 강원의 3대 미항으로 꼽혔다. 그러나 떠들썩하지도 않고 조용한 항구라 더 정감이 간다. 원래 이름은 남애가 아니었다. 매화가 떨어진다는 뜻의 낙매(落梅)가 부르다 보니 남애로 바뀌었다고 한다. 이름만큼 아름다운 곳이다. 우선 눈에 띄는 것이 빨간 등대. 40년 전 영화 '고래사냥'에도 나왔다. 반려견과 함께 남애항 인근 해변을 산책해보자. 무엇보다 인파가 몰리지 않는, 비교적 덜 복잡한 해변이라 운치 있게 백사장을 거닐 수 있다.

덜 복잡한 해변이라 운치 있는 남애항

INFO
🏠 강원도 양양군 현남면 남애리
⭐ 033-670-2411
👤 무료

양양 추천 여행지

바다를 닮고 싶은 소나무 숲
동호해수욕장

손양면에 위치한 동호해변은 바다와 숲을 함께 감상할 수 있는 고즈넉한 곳으로, 해수욕장이 개장하는 7~8월이면 인산인해를 이루는 양양의 대표 피서지 중 하나다. '소나무 해변'으로 불릴 정도로 해안가 뒤쪽으로 울창한 소나무 숲이 쭉 이어져 있는데, 나무를 사랑하는 집안이 대를 이어 가꿔 온 부지 2만 평의 소나무 숲이라 한다.

INFO
- 강원도 양양군 손양면 동호리 141-26번지
- 033-672-9797 donghori.com
- (7~8월 해수욕장 개장 시기) 09:00~18:00
- (7~8월 해수욕장 개장 시기) 파라솔 1만 원 등, (그 외 시기) 무료

양양 추천 맛집

보양식이 따로 없어요

천선식당

해마다 복날이면 양양 사람들은 남대천으로 나가 천렵을 즐긴다. 그때쯤이면 황어도 없고 다소 크기가 작은 뚜거리가 잡히는 계절이다. 뚜거리로 만든 탕이 오늘날 양양 별미로 꼽히는 뚜거리탕이다. 다른 민물고기와 달리 비린내 없이 담백해 누구든 한그릇 뚝딱 한다고 해서 이런 이름을 얻었다.

INFO
- 강원 양양군 양양읍 남대천로 13
- 033-672-5566 07:00~20:00 (하절기엔 21시까지, 명절 휴무)
- 뚜거리탕

사골육수의 깊은 맛
수산횟집

수산횟집도 사골육수를 사용한다는 점이 색다르다. 가자미 전복 물회 등이 인기를 끌고 있는데 수산의 횟집 어디서나 비슷한 맛을 낸다고 보면 된다.

INFO
- 강원 양양군 손양면 수산1길 31 (수산리 50-1)
- 033-671-1580　10:00~22:00 (연중 무휴)
- 물회 등

토박이들이 인정!
수산항 흥미횟집

30년 전통의 활어 횟집이다. 황태머리, 멸치, 건새우, 다시마, 양파를 넣고 끓인 육수가 매력이다. 동해 청정 바다에서 잡아 올린 가자미와 오징어, 미역, 양배추, 당근, 배 등으로 만든 고명이 잔뜩 들어간 물회가 일품이다. 토박이들이 많이 찾는 곳으로 밑반찬도 정갈하다.

INFO
- 강원도 양양군 손양면 (수산리 86-5)
- 033-672-3672, 011-9719-3688
- 주중 10:00~22:00　물회, 회덮밥 등

양양 Accommodation1

해변에 착륙하다
양양오토캠핑장 & 솔밭가족캠프촌

손양면 바닷가의 대표적인 야영장은 양양오토캠핑장과 솔밭가족캠프촌이다. 두 곳 모두 텐트 대여가 가능하며, 방갈로도 구비돼 있어 캠핑장비가 없는 사람들도 편하게 다녀올 수 있다. 방갈로를 이용할 때는 방갈로 내부에 강아지를 들일 수는 없지만, 문 바깥에 강아지를 둘 수 있다. 두 곳의 샤워장은 남녀 구분이 잘 되어 있으며, 온수도 항상 나온다. 양양오토캠프촌의 경우 개수대에 수도꼭지가 30여 개나 있고, 장작도 주변에서 구할 수 있다. 매점은 성수기에만 운영하는데, 반려견의 출입도 가능하다. 솔밭캠프촌 역시 개수대 시설이 적절히 설치돼 있다. 소형 텐트 기준으로 600동 정도 머무를 수 있지만 동계엔 운영하지 않는다고 하니, 문의전화 후 출발하는 것이 좋겠다. 솔밭가족캠프촌과 양양오토캠핑장 주변에는 수심이 얕아 가족 단위로 즐기기에 좋은 오산해수욕장이 있다. 거리가 멀지 않아 걸을 만하다.

양양오토캠핑장방갈로

아름다운 솔밭이 압권인 솔밭가족캠프촌

INFO

양양오토캠핑장

🏠 강원도 양양군 손양면
　　동명로 321-20 (송전리 26)
⭐ 033-672-3702, 010-9468-0630
⚙ camping.kr
👤 비수기 텐트 1박 3만 원, 방갈로 6만 원
　　(성수기의 경우 요금 상이)

INFO

솔밭가족캠프촌

🏠 강원도 양양군 손양면 송평길 38
⭐ 033-672-9829, 010-8871-1136
⚙ solbatcamp.com
👤 1박당 극성수기 5만 5천 원, 비수기 3만 5천 원

양양 **207**

양양 Accommodation 2

모든 객실이 오션뷰
바다빛 무지개 펜션

"바다 전망으로 주세요." 이 말은 바다빛 무지개 펜션에선 통하지 않는다. 왜냐하면 모든 방에서 바다를 바라볼 수 있기 때문이다. 동해안의 3대 미항으로 꼽히는 남애항에 자리 잡은 펜션은 가장 편안한 일출 장소 가운데 한 곳이다. 이 때문에 반려견 없는 일반 여행자들로부터도 큰 인기를 끌고 있다. 눈앞에 바로 펼쳐지는 동해의 푸른 바다와 빨간 등대가 어우러진 풍경이 그야말로 장관을 이루기 때문이다.

반려견 동반 가능한 방은 모두 네 곳이다. 모든 객실에서 사랑하는 반려견과 함께 바비큐를 즐길 수 있다. 펜션 인근에는 반려견 전용 해수욕장이 있어 피서철에 가기에도 그만이다. 반려견과 함께 해안 산책로를 따라 산책하거나 낚시를 즐기는 것 역시 좋은 추억이 될 것이다.

INFO
- 강원도 양양군 현남면 매바위길 63 (남애리 72)
- 033-671-1008, 010-6298-7278 searainbow.kr
- 8kg 미만 소형견만 동반 가능. 객실당 최대 2마리까지, 1마리당 1만 5천 원 부과
- 총 7실 중 4실만 동반 가능

양양 **209**

양양 Accommodation 3

조용하고 아늑하다
풀빛둥지 펜션

풀빛둥지 펜션은 강원도의 대표 명소인 설악산과 동해바다 가까운 곳에 위치해 있다. 특히 산천어가 살고 있는 맑은 남대천이 펜션의 뒤를 흐르고 있다. 겨울에는 계곡의 물소리를 들으면서 따뜻한 차를 마셔도 좋고, 여름이면 시원하게 물놀이를 즐기기에도 좋다. 펜션 주인이 물놀이와 고기잡이를 위한 용품 역시 무료 대여해주니 금상첨화다. 맑은 계곡뿐 아니라 이곳에서 배울 수 있는 체험 역시 풀빛둥지 펜션만의 매력 포인트다. 무료로 즐길 수 있는 천연비누 만들기부터 소정의 돈을 내면 이용할 수 있는 꽃누르미 생활소품 만들기, 양초 만들기까지 다양한 체험을 자랑한다. 맞춤형으로 제공하는 기념일 이벤트(유료)도 있으니 특별한 날, 특별한 추억을 만들기에도 최적의 장소다.

INFO
🏠 강원도 양양군 현북면 남대천로 1225-1 (장리 165-21)
⭐ 033-673-7747, 010-4326-3588, 010-4339-3588　⚙ poolbit.net
🚩 대형견 동반 시 예약 전 문의 필수, 객실당 최대 3마리 가능, 반려견 입장료 별도

양양 Accommodation4

개성 있는 인테리어가 매력
도그힐 펜션

도그힐 펜션은 강원도 여행의 거점 숙소로 잡기에 최적의 위치를 자랑하는 펜션이다. 산과 바다가 모두 가까운 이 펜션은 대식구를 수용하기에도 충분한 4개의 객실을 갖추고 있다. 그리고 각각의 객실마다 특징을 살린 개성 있는 인테리어가 매력 포인트다. 특히 하노끼 목재로 지어진 대형 스파가 놓인 하운드룸은 피톤치드가 뿜어져 나오는 친환경적인 객실이다. 피부가 예민한 사람이나 반려견과 함께하는 사람들에게 안성맞춤으로, 이곳에 묵을 경우 사전에 전화로 문의를 해야 한다. 야외에서 바비큐를 즐길 수 있는 바비큐장과 수영장, 그리고 샤워장이 갖춰져 있다. 반려견을 위한 시설은 다소 없는 편이다.

INFO
- 강원도 양양군 강현면 소금재길 161-16 (회룡리 245)
- 033-671-6603, 010-3652-6603
- housewithdog.co.kr
- 객실당 2마리까지 가능

양양 Accommodation5

빈티지한 매력이 물씬

양양 빈티지하우스

손양면 바닷가가 한눈에 바라보이는 펜션. 반려견 동반 가능한 카페를 겸하고 있어서 카페를 이용하러 오는 손님들도 많다. 가장 좋은 점은 비행기를 이용할 경우 양양공항까지 픽업을 온다는 점이다. 양양공항과 빈티지하우스가 있는 수산항까지 차로 10분 거리에 불과하다. 바비큐장이 따로 마련돼 있어 편리하게 이용할 수 있지만, 테라스에서 고기를 구워 먹어도 무방하다. 실내에는 공기청정기까지 마련돼 있다. 시원한 바닷바람을 맞으며 해변을 산책하는 즐거움은 덤이다.

INFO
- 강원도 양양군 손양면 수산2길 16-11 (수산리 70 C동)
- 033-673-3007 양양빈티지하우스.com
- 입실 15:00~퇴실 11:00
- 인기가 좋아 예약이 조기 마감되는 경우가 많다.

양양 Accommodation6

애견의 애견을 위한 애견에 의한
퍼피 게스트하우스

반려동물과 즐길 거리가 풍성한 애견 펜션이다. 게스트하우스 바로 옆에 계곡이 있어 시원한 여름을 반려견과 함께 보낼 수 있다. 게스트하우스에 요청하면 직접 키운 채소도 제공해준다. 반려견, 반려묘 동반 없이는 예약이 불가하며, 전 견종이 숫자 제한 없이 무료다. 다만 대형견의 경우 실내 입실 시 컨넬링을 권장한다. 풍성한 바비큐파티도 즐길 수 있다. 입실 최소 1일 전에 신청하면 스페인산 흑돼지 목살 K2와 구이용 LA 갈비를 구매 대행해준다. 바비큐(숯+그릴) 요금은 2인 기준 2만 원(1인 추가 시 5천 원)이다. 깔끔한 내부와 반려견을 위해 잘 구비된 용품은 기본, 강아지가 행복해야 세상이 아름다워진다는 주인장의 따스한 마인드는 덤이다.

INFO
- 강원도 양양군 서면 남대천로 530-3 (수리 333-1) ★ 010-3075-1078 puppygh.com
- 진드기 해충 예방을 위해 프론트라인 처방 필요

영월 Place 1

상쾌하고 아름답고 멋진 산림욕장
봉래산산림욕장

각종 야생화가 가득해 지역민들은 이 곳을 '자연의 보고'라고 부르기도 한다. 반려견과 함께 피톤치드를 맡으며 여유롭게 산림을 거닐 수 있는 곳으로, 별마로 천문대로 올라가는 길에 위치해 있다. 영월에서 제일 높은 곳이라 운이 좋으면 맑은 날씨에 전망대에서 영월 시내를 한눈에 다 담아갈 수 있다.

INFO
- 강원도 영월군 영월읍 천문대길 397
- (강릉시 관광안내소)1577-0545
- 00:00~24:00
- 무료

영월 Accommodation1

동강 정취를 맡으며
보보스캇 펜션 & 야영

캠핑과 펜션을 즐길 수 있는 몇 안 되는 애견 동반 캠핑장 겸 펜션이다. 맑은 공기와 깨끗한 강이 자랑인 영월군 주천면 판운리에 위치해 있으며, 푸른 나무들과 조화를 이룬 운치 있는 펜션·캠핑장이다. 보보스캇 펜션은 유럽 스타일의 건축 테마와 자연 친화적인 주변 환경으로 자연휴양림 같은 편안하고 고급스러운 휴식공간을 제공한다. 캠핑장은 나무 그늘 사이트가 자랑으로, 한여름에도 시원한 캠핑을 즐길 수 있다. 또한 부지가 넓고 아기자기한 요소들이 많아 영지 내에서 편안한 휴식을 즐길 수 있다. 메타세쿼이어 가로수길과 어린이 수영장, 캠프파이어장 등 다양한 부대시설도 갖추고 있다. 차량통행이 원활하지 못해 별도의 주차 공간에 차를 주차 후 이용 가능한 구역도 있으니 참고하자.

INFO
🏠 강원도 영월군 주천면 미다리길 50-24 (판운리 463)
⭐ 033-375-1011, 010-5123-0156 boboscot.com
🚩 반려견 입장 무료

인제 Place1

반려견 등반 상급자 코스!

방태산 권역

방태산 권역은 대한민국의 오지 중에서도 가장 오지로 손꼽히는 곳이다. 우리가 흔히 오지를 일컬을 때 얘기하는 '삼둔 사가리(살둔, 월둔, 달둔, 적가리, 아침가리, 연가리, 곁가리)'가 모두 주변에 있다. 이곳의 몇 명 안 되는 주민들은 6·25 전쟁이 일어난 줄도 모르고 살아왔다는 얘기가 전설처럼 퍼지기도 했다. 반려견과 산행이 가능한 베테랑 견주라면 이곳을 도전해보는 것도 괜찮다. 방동약수에서 아침가리까지의 비포장길은 즐겁고도 상쾌하지만, 한참을 걸어 올라간 뒤 헬기장이 나오면 거기부터 30여 분 계곡까지 걸어 내려가야 한다. 이후 계곡을 트레킹하며 내려가면 물에 몸을 맡겨야 하는데, 반려동물도 물에 젖기 때문에 데리고 가기 살짝 어려운 난코스다. 초입 부분에서 물놀이를 하고 거슬러 올라오거나, 방동약수까지만 가보는 것을 권한다. 희귀 야생동식물이 봉우리와 계곡마다 가득 차 있어 살아 있는 생태박물관으로 불리기도 한다.

INFO
🏠 강원도 인제군 기린면 방태산길 377
⭐ 033-463-8590

인제 추천 맛집

쫄깃한 황태의 매력
용대리 복바위황태식당

인제 용대리에는 황태전문 식당들이 즐비하다. 황태의 본고장에서 먹기 때문에 어떤 곳을 가더라도 비슷한 메뉴에 비슷한 맛을 낸다.

INFO
🏠 강원 인제군 북면 용대리 185   ★ 033-462-4079   ⏰ 08:00~18:00
📄 황태구이정식, 황태국밥과 청국장 등

도시에서 먹기 힘든 나물이 풍성
나무꾼과선녀

황태음식점이 모여 있는 곳 가운데 색다르게 토종닭과 시골밥상이 대표 메뉴인 한식당이다. KBS '인간극장'에 소개되기도 한 곳으로, 산나물과 묵나물이 풍성하게 들어간 산채요리가 인기다. 밭에서 직접 재배한 채소들과 산에서 채취한 산나물이 가득한 시골밥상이 입맛을 돌게 한다. 제육볶음도 인기를 얻고 있다.

INFO
🏠 강원도 인제군 기린면 조침령로 2194 (진동리 15)
★ 033-462-3957   ⏰ 09:00~18:00 (연중 무휴)   📄 산채비빔밥, 제육볶음쌈밥, 시골밥상 등

인제 Accommodation1

마산계곡이 눈앞에
바람부리 펜션

우리나라에서 가장 깨끗한 지역으로 알려진 강원도 내린천 상류에 있는 펜션이다. 앞으로 흐르는 미산계곡은 이름 그대로 아름다움 그 자체다. 자연 속에서 힐링을 즐길 수 있는 숙소로 더할 나위 없다. 이 펜션의 가장 큰 특징은 펜션 앞으로 차를 가지고 들어갈 수 없다는 점이다. 계곡 건너편에 차를 주차하고 케이블카를 통해 들어갈 수가 있다. 마치 해외의 오지 마을에 입장하는 느낌이다. 그만큼 조용하고 다른 요소에 의해 방해를 받지 않는다는 장점이 있다. 주인장의 청결에 대한 철학도 남다르다.

INFO
🏠 강원도 인제군 상남면 내린천로 1726 (미산리 386)
★ 033-463-9855, 010-5313-9755 ⚙ 바람부리펜션.kr
🚩 소형견만 동반 가능, 객실당 최대 2마리까지, 반려견 입장 무료

> 인제 Accommodation2

반려견 물놀이 최적의 장소
미산분교 캠핑장

중소형견 동반 캠핑 또는 그룹 캠핑에 용이한 두 곳의 분리 사이트가 있어 애견캠핑에 적당한 곳이다. 내린천 상류의 미산계곡에 위치해 캠핑하면서 여름철 물놀이와 낚시를 즐길 수 있다. 해발 400m의 산속 청정한 공기와 계곡이 좋은 곳이다. 특히 수심이 30cm~1.5m가량이라 반려견 동반 물놀이도 가능하다. 온수도 24시간 나오며 데크별 전기 배전반이 있어 편리하다.

INFO
- 강원도 인제군 상남면 내린천로 1622 (마산리 376-6)
- 010-2013-6096   24시간
- 텐트 성수기 5만 원, 비수기 4만 원 (연박 할인 1만 원)
  숙박동 4인 기준 성수기 15만 원, 비수기 10만 원
- 예약 필수 (사전에 주인과 통화 필수)
  반려견 동반 시 펜션 이용자라도 침구류 개별 지참

인제 Accommodation 3

드넓은 잔디밭에서 강아지들 '힐링'
설하관광농원 캠핑장

북천의 맑은 물소리를 벗삼아 가족이 힐링할 수 있는 캠핑장이다. 바로 옆에 북천이 흐르고 있어 물놀이에도 최적인 공간이며, 캠핑장 한쪽에 반려견들이 뛰어놀 수 있는 공간이 따로 지정돼 있어 이용에 편리하다. 캠핑장 인근 산속으로 들어가면, 깊은 산중에 산막이 있다. 이곳에는 다양한 산나물이 각자의 향을 가득 담고 자라고 있는데, 곰취와 고사리 외에 산마늘로도 불리는 명이나물도 있다. 이곳에서 산림치유 촌장님의 도움을 받아 산나물을 채취할 수 있다. 이곳 촌장은 산림치유사 자격증을 갖춘 산림치유 전문가다. 산림치유란 산림 내에서 향기, 경관 등 자연의 다양한 요소를 활용하여 인체의 면역력을 높이고 건강을 증진시키는 활동을 말한다. 캠핑장 이용객들은 인근 숲으로 차량으로 이동한 뒤 삼림욕을 할 수도 있다.

INFO
- 강원도 인제군 북면 설악로 3208 (한계리 1421)
- 010-6372-1559 24시간
- 캠핑 데크 (비수기) 3만 5천 원
- 반려견 전문 캠핑장은 아니어서 캠퍼들에 피해를 주지 않도록 해야 한다.

춘천 Place1

춘천의 젖줄 의암호
의암호 공지천유원지

　춘천 시내와 가장 가까운 의암호는 춘천의 트레이드마크다. 의암호 주변엔 공지천유원지가 조성돼 봄에는 핑크빛 벚꽃길이, 여름에는 푸른 녹음길이 펼쳐진다. 뿐만 아니라 낮에는 투명한 '스카이워크'로, 밤에는 오색찬란한 빛 축제로 끊임없이 호반 도시로서의 매력을 뽐낸다. 의암호의 자랑거리 호수별빛나라 축제는 매년 5, 6월부터 그해 말까지 매일 밤 열린다. 산책로를 걷다 보면 수많은 LED 조명으로 장식된 빛잔치에 흠뻑 빠지게 된다. 500마리의 산천어를 빛으로 바꾼 산천어 파크와 춘천 MBC 건물에서 떨어지는 빛의 폭포가 장관이다. 빛 축제가 열리는 정확한 시기는 매년 다르므로 춘천시 홈페이지에서 일정을 확인하는 것이 좋겠다.

INFO
🏠 강원도 춘천시 근화동 690-1　★ 033-250-3089
⚙ (춘천시관광안내소) tour.chuncheon.go.kr/main/index

> 춘천   추천 여행지

고요하고 품격 있는 수목원
제이드가든 수목원

　너무 유명한 관광지는 복잡한 인파에 시달리기 쉽다. 계절마다 다른 정취를 즐길 수 있는 숲들로 잠시 눈을 돌려보는 건 어떨까. 강원도 춘천시에는 유럽풍 숲을 거닐 수 있는 곳이 있다. 제이드가든 수목원이다. '그 겨울 바람이 분다', '풀하우스 2' 등 드라마 촬영지로도 유명하다. 영국식 보더 가든, 고산 온실, 나무놀이 집, 수생식물원, 폭포 정원 등 특색 있는 곳이 수두룩하다. 특히 매년 특정 시즌마다 시작되는 야간 개장은 이곳의 분위기를 더 이국적으로 만들어낸다. 야간조명과 미디어 파사드가 수목원을 은은하게 비추면 로맨틱함마저 한껏 느낄 수 있다. 과하지 않은 빛 사이로 요정들이 방문객들을 따라나서는 동화 같은 일도 벌어진다. 마임, 아카펠라 등 다채로운 공연도 매일 저녁 즐길 수 있다. 야간 개장이 시작되는 날짜는 매년 조금씩 다르므로, 제이든가든 홈페이지를 참고해 일정을 확인하는 것이 좋겠다.

INFO
- 🏠 강원도 춘천시 남산면 서천리 산 111
- ★ 033-260-8300
- ＋ 금/토/일 및 공휴일, 하계/동계 방학시즌 야간개장

사계절 내내 인기
국립용화산자연휴양림

추운 겨울에 춘천을 찾았다면 빙벽 체험과 겨울산행을 즐길 수 있는 국립용화산자연휴양림을 권한다. 무더운 여름철, 마을까지 이어져 피서객들의 사랑을 받던 계곡물이 두껍게 얼어 7~8m 높이의 천연 빙벽장으로 변신한다. 단연 아이스클라이밍에 최적인 장소다. 용화산휴양림 빙벽 전문가들의 아이스클라이밍 교육은 인기가 높아 반드시 홈페이지에서 사전 예약을 해야 교육을 받을 수 있다.

INFO
- 강원도 춘천시 사북면 고성리 산102-13 ★ 033-243-9261
- huyang.go.kr/comforestmain.action

전통 닭갈비의 참맛
명동 닭갈비거리

춘천에도 명동이 있다. 시내 중앙시장 인근 조양동에 있는 명동이다. 일명 '닭갈비 골목'으로 유명한 곳이다. 이곳은 닭갈비 전문 식당 20여 곳이 여행자들의 미각을 자극한다.

INFO
- 강원도 춘천시 조양동 138-15
- ★ (춘천시 관광안내소) 033-250-4312
- ccdakgalbistreet.modoo.at

춘천 Accommodation1

강촌리조트 인접 편리한 위치
가을향기 펜션

가을향기 펜션은 앞으로는 북한강이, 뒤로는 태백산맥이 펼쳐진 천혜의 자연환경 속에 위치해 있다. 맑고 깨끗한 자연 속에서 머물면서 휴식할 수 있을 뿐만 아니라 남이섬과 북한강, 강촌리조트와도 가까워 다양한 레포츠나 여행을 즐기기에도 좋다. 특히 상·하행 열차가 하루 6번 정차하는 조그마한 간이역 경강역도 주변에 있어 가볼 만하다. 영화 '편지'의 무대가 된 곳이기도 하다.

INFO
- 강원도 춘천시 남산면 경춘로 168-10 (서천리 473)
- 033-263-0701, 018-722-0701 gael.co.kr
- 소·중형견만 동반 가능, 객실당 2마리까지 가능 1마리당 1만 원 부과

평창 Place1

나만 알고 싶은 계곡
노동계곡

강원도 평창에는 아시아의 알프스라 불릴 정도로 고봉들이 뻗은 계방산이 자리잡고 있다. 1,577m의 계방산은 등산인들을 제외하고는 잘 알려지지 않은 산이지만, 사실 그 높이만으로 따져보면 한라산, 지리산, 설악산, 덕유산 다음으로 높은 산이다. 계방산 노동계곡은 오대산(1,563m), 방태산(1,444m) 등 해발 1천 미터가 넘는 고봉들이 주변에 첩첩산중을 이루고 있어, 한여름에도 밤에는 한기를 느낄 정도다. 이런 지정학적 위치 때문에 도시를 벗어나 자연을 벗삼고 혹서를 피해 한여름의 휴식을 즐기기에 제격인 곳이다. 노동계곡 외에도 운두령, 방아다리 약수, 이승복어린이생가터 및 기념관, 오대산국립공원 등 주변에 볼거리와 즐길 거리가 넘쳐난다. 계곡 근처 계방산오토캠핑장에서 반려견과 함께 캠핑도 즐길 수 있다.

INFO
🏠 강원도 평창군 용평면 이승복생가길 160
⭐ 070-7798-8288   ⚙ gyebangsan-camp.com

| 평창 Place2 |

스위스가 따로 없는 숨겨진 보물같은 여행지
평창 계촌마을

스위스 알프스 같은 풍경을 저렴하게 맛보고 싶다면 강원도 평창의 계촌마을을 찾아가는 것이 좋다. 해발 700m 높이의 계촌마을에는 2대째 가꾼 염소 목장이 있다. 장점은 여타 양떼목장처럼 붐비지 않는다는 것이다. 사람들을 처음 맞이하는 것은 청명하게 울리는 작은 금색 종. 이 종을 치면 염소떼가 구름처럼 몰려든다. 건초더미를 건네주면 오물거리며 씹는 모습이 귀엽다. 염소떼를 뒤로하고 트레킹을 시작한다. 오른쪽으로 난 살짝 가파른 길을 오르면 해발 고도가 800m 이상으로 높아진다. 서늘한 공기가 예술이다. 눈앞에는 마치 스위스 그린델발트에서나 볼만한 풍경이 펼쳐진다. 높다란 산은 나무 하나 없는 푸른 초원이다. 그 사이사이에 작은 알프스 오두막이 서 있다. U자형 협곡을 돌아 가운데로 들어서면 해발 820m다. 아래쪽 전경이 한눈에 들어온다. 농원 초입에는 주인이 직접 산에서 채취한 약초로 만든 차를 맛볼 수 있는 공간이 있다. 주인집에 묶여 있는 래브라도 리트리버 두 녀석은 손님과 장난을 잘 친다.

INFO
🏠 강원도평창군 방림면 삼형제길 297   ★ (계촌마을 사무국장) 010-4658-4692
⚙ gyechon.invil.org

1 스위스 알프스 같은 풍경을 저렴하게 맛볼 수 있는 계촌마을
2 염소떼와 자연을 함께 누벼보자.

평창 Place3

반려견과 함께 피톤치드 맡기

오대산

소나무 대신 전나무가 들어선 보기 드문 길. 월정사 전나무 숲은 오대산 여행의 핵심이다. 일주문부터 금강교까지 1km 남짓한 길 양쪽에 평균 수령 90년이 넘는 전나무가 자그마치 1천700여 그루 서 있다.

월정사는 자장율사가 643년 지금의 오대산에 초막을 짓고 수행을 한 것이 시초다. 원래는 소나무 군락지였던 이곳은 고려 말 무학대사의 스승인 나옹선사 앞에서 산신령이 공양을 망친 소나무를 꾸짖고 전나무 9그루에게 절을 지키게 했다 한다. 전나무는 나무에서 젖이 뿜어져 온다 해서 붙여졌다는데, 피톤치드가 가득 뿜어져 나오니 어쩌면 맞는 이름일 수도 있겠다. 숲길 옆을 흐르는 오대천 상류 계곡에는 가끔 섶다리가 들어선다. 섶다리는 하천이 넓어 징검다리를 놓기는 힘들고 배가 들어서기도 어려운 곳에 나무와 솔가지 등으로 다리를 만든 것이다. 장마철에는 다리가 떠내려가서 새로 다리를 놓는다. 운이 좋은 날에는 수달, 삵, 족제비 등 야생동물도 심심찮게 볼 수 있다. 오대산은 반려동물 동반 입장은 가능하나, 경우에 따라선 공원에 내려놓지 않고 품에 안고 가야 할 수도 있다.

INFO
🏠 강원도 평창군 진부면 오대산로 2
⭐ 033-332-6417 👤 어른 3천 원, 청소년/학생/군인 1천5백 원, 어린이 5백 원

1 오대산 설경
2 오대산 계곡에 세워진 섶다리
3 오대산 야영장은 반려견과 캠핑을 즐기기에 제격이다.

평창 Place 4

평창에서 만나는 작은 스위스
평창 어름치마을

동강을 끼고 있는 평창군 미탄면의 한 마을로, 희귀종인 어름치에서 이름을 따왔다. 한국농어촌공사가 운영하는 농촌여행 브랜드 '웰촌' 마을 가운데 손꼽히는 농촌여행지다. 마치 스위스의 한 마을을 방문한 듯 선진국과 비교해도 잘 갖춰진 관광시설들이 감탄을 자아내게 한다. 동강과 창리천 계곡(기화천)이 만나는 합류지점에 형성된 이곳에서 가장 쉽게 즐길 수 있는 것은 바로 천렵이다. 서늘한 냉기가 뿜어져 나오는 계곡에서 간단한 견지낚시 한 세트를 드리운 채 시간을 흘려보내면 매운탕거리를 잡는 것은 그리 어렵지 않다. 운이 좋으면 인근의 송어양식장을 탈출한 대어를 건질 수도 있다. 마을에서 운영하는 캠핑장에서는 강아지와 함께 숙박해도 무방하다. 다만 캠핑장의 카라반은 애견 동반이 금지돼 있다.

INFO
- 강원도 평창군 미탄면 마하길 42-5, 주민활력센터 (마하리 324-1)
- 070-7798-8892 mahari.kr
- 당일체험 (백룡동굴탐사, 스카이라인) 성인 3만 9천 원, 소인 3만 3천 원
  카라반 15~20만 원 (성수기, 애견 동반 불가) 캠핑장 3만 원 (성수기, 애견 동반 가능)

대형 어름치 구조물이 이색적인 어름치마을

어름치마을에서는 캠핑과 물놀이를 모두 즐길 수 있다.

평창 Eat & Drink1

친절하고 애견 프렌들리한 식당
대관령한우프라자

휘닉스 스노우파크와 봉평면 이효석생가 인근에 있어 평창을 가면 반드시 한 번쯤 지나치게 돼 있는 곳이다. 특히 꽃등심이 맛나다는 평가를 받고 있다. 애견인들을 위해 바깥쪽에 야외테이블을 따로 마련해 뒀다.

INFO
🏠 강원 평창군 봉평면 무이진등길 37 ★ 033-332-7222
🕐 11:00~22:00 (연중무휴) 📄 기본상차림비 어른 4천 원, 어린이 2천 원 (고기 별도)

평창 Accommodation1

언제라도 좋은 강아지 휴식처

듀오 펜션

평창에 있는 듀오 펜션은 산으로 둘러싸여 시원스런 전망이 특징인 애견 펜션이다. 특히 여름철 야외 수영장에서 바라본 풍경은 속이 탁 트일 만큼 장관이다. 대형견들이 풍덩 풍덩 수영장으로 뛰어드는 장면 역시 보기만 해도 시원하다. 이곳에서 반려견과 놀고 씻은 뒤 펜션에 마련된 애견 드라이 룸에서 털을 말려주면 된다. 임도를 따라 난 산책로는 원시림 속에서 자유를 선물한다. 객실도 다양한 디자인으로 구성돼 만족도를 높였다. 조식 서비스도 제공되니 이를 놓치지 말자. 알프스를 떠올릴 만큼 청정하고 아름다운 계촌 목장이 인근에 있다.

INFO
- 강원도 평창군 방림면 감동지길 116-4 (계촌리 2223-2)
- duopension.kr ★ 033-334-1354, 010-7107-1354, 010-8258-1354
- 객실당 2마리까지 무료 동반 가능, 초과 시 1마리당 1만 원 추가

평창 Accommodation2

섬세한 배려가 엿보이는 곳
리운 산장

　금당산 자락에 위치한 리운 산장에 도착하면, 유럽의 어느 마을에 온 듯한 나무 집들이 먼저 눈길을 끈다. 금당산을 마주한 금당계곡 700m 언덕 위에 자리잡고 있어 풍경이 수려하다. 은퇴를 앞두었던 펜션 주인이 한눈에 반했을 만큼, 맑고 아름다운 자연의 중심에 있다. 건물 역시 화학 처리가 되지 않은 고급 원목 소나무만으로 꾸며져, 피부가 예민한 반려견과 함께한다면 주목할 만한 숙소다. 참고로 리운 산장의 물은 모두 1급수 평창 샘물이라며 사장님의 자부심이 대단하다.

INFO
- 강원도 평창군 봉평면 버들개1길 89-17 (유포리 553-10)
- 010-2794-6999, 010-3779-4180　liun.co.kr
- 객실에 따라 동반 가능한 반려견 수 상이, 1마리 당 1만 원 부과
  평일은 전 객실, 주말은 한 객실만 반려견 동반 가능

평창 Accommodation3

말 그대로 4계절 모두 찾기 좋은 곳
봄여름가을겨울 펜션

이름에서도 알 수 있듯, 이곳은 어떤 계절에 와도 그 여행을 가장 좋은 추억으로 만들어줄 수 있는 숙소다. 그러나 무엇보다 가장 좋은 계절은 바로 여름이다. 펜션 앞 계곡이 시원하고도 아주 넓다. 그런데도 그렇게 깊지도 않아서 가족 단위 여행객들이 물놀이를 즐기기 제격이다. 이곳의 자랑 중 하나는 바로 옆에 계곡을 끼고 카라반이 있다는 것이다. 카라반은 최대 6명까지 수용이 가능하다. 카라반의 가장 큰 장점인 독립성을 맘껏 느껴볼 수 있다.

INFO
🏠 강원도 평창군 봉평면 거품소길 271 (유포리 409) ★ 010-5249-5621 ⚙ seasons.co.kr
🚩 소형견만 동반 가능, 반려견 입장 무료, 9월, 10월 객실만 반려견 동반 가능

평창 Accommodation4

통나무 건축전문가가 직접 지은 곳
작은 통나무집 펜션

전문 건축가가 자신의 집을 만들면 어떻게 될까? 그것도 일반적인 건축가 아니라, 통나무로 집을 짓는 건축가라면? 작은 통나무집 펜션을 찾아가 보면 답이 나온다. 작은 통나무집 펜션은 소박하지만 갖출 것은 다 갖춘 통나무집이다. 주인의 정성이 듬뿍 들어가 있어 찾는 사람들의 미소를 유발하는 곳이다. 따로 떨어진 3개의 복층 구조 독채는 프라이버시를 최대한 보장한다. 주인의 철학이 녹아 있는 대목이다. 특히 각 동에는 강아지 전용 울타리가 있어 강아지들이 맘 편히 뛰어놀 수 있도록 했다. 50㎡ 규모의 애견 전용 수영장도 자랑거리다. 주변이 온통 산으로 둘러싸여 강아지들이 목줄 없이 산책을 즐길 수 있는 것도 장점이다.

INFO
🏠 강원도 평창군 방림면 월암길 41-7 (계촌리 1988)
⭐ 010-5007-4749 ⚙ 작은통나무집.kr
🚩 10kg 이하 소·중형견 4마리까지 동반 가능. 대형견 코카, 슈나, 스피츠 견종까지는 허용. 웰시코기, 비글 불가. 객실당 2마리까지 무료, 추가 시 1마리당 1만5천 원 부과
애견 동호회 예약 사절

평창 **239**

평창 Accommodation5

가장 전통이 깊은 펜션
개울건너 펜션

개울건너 펜션은 국내 최고(最古)의 애견 펜션으로 불리는 곳이다. 25년 전이면 우리나라에선 강아지를 바구니에 넣고 다니면 보는 사람들이 손가락질하던 때다. 주인 내외는 외국에서 생활하였기에 애견문화를 빨리 접하게 되었다. 이런 인연으로 주인장은 강원도 산골짝에서 애견 펜션을 운영하기 시작했다고 한다. 봄부터 가을까지 250여 종의 야생화가 피고지고, 겨울엔 설경이 아름다운 곳이다. 펜션 안전문 안쪽으로 계곡을 따라 숲 산책길이 있어 반려견들을 데리고 안전하게 산책할 수 있다. 산책하다 더우면 계곡 물에 풍덩 빠져도 좋다. 생각만 해도 시원한 곳이다. 산책과 물놀이를 마치면 반려견과 함께 샤워장을 찾으면 된다. 샤워장에 샴푸, 향수, 타월, 브러시 등 반려견 목욕용품이 구비돼 있고 항시 뜨거운 물이 나온다.

INFO
🏠 강원도 평창군 방림면 고원로 328-8 ☎ 033-333-4865, 010-7177-4865
⚙ gogaewool.co.kr 👤 2인 기준 8만 원, 객실별 요금 상이
🏴 객실별 동반 가능 반려견 수 상이, 홈페이지 혹은 전화 문의

평창 Accommodation6

개별 테라스에서 바비큐도 가능한
쁘띠 펜션

울창한 숲과 깨끗한 물이 흐르는 계곡 너머 위치한 쁘띠 펜션은 아름다운 자연환경을 자랑한다. 차디찬 물에서만 생존할 수 있는 냉수성 어종인 열목어와 송어 등이 사는 맑은 흥정 계곡에선 반려견과 함께 물놀이도 가능하다. 펜션은 극세사 이불을 사용한다는 점을 특징으로 삼고 있다. 한여름이라 할지라도 에어컨을 틀지 않고 극세사 이불을 덮고 자면 적당할 정도로 평창의 밤공기는 쌀쌀하기 때문이다. 펜션 근처에 정육점과 마트가 있어서 필요한 물품이 있으면 언제든 오갈 수 있다. 흥정 계곡에는 허브로 유명한 허브 나라가 있다. 이곳도 반려견 동반이 가능한데, 5kg 미만의 소형견만 입장이 가능하다.

INFO
- 강원도 평창군 봉평면 봉평북로 250-51 (무이리 21-8)
- 031-775-7752　petitps.co.kr
- 8kg 이상일 경우 전화 문의 필요 1마리당 1만 원 부과

평창 Accommodation7

관광 명소가 지척에
산내들 펜션

산내들 펜션은 아름답고 수려한 산세와 계곡 등을 만나볼 수 있는 반려견 전문 펜션이다. 펜션으로부터 차로 30분~50분 거리에 대관령 양떼 목장, 동막골 등의 관광명소가 있어 위치 역시 훌륭한 편이다. 건물과 편의시설은 자연 목재를 사용해서 지어졌으며, 방음 처리 역시 잘 되어 있다. 이곳은 여러 면에서 안전에 각별한 주의를 기울인다. 전 객실에 자동 확산 소화기가 설치되어 있고 대인 배상 책임보험까지 가입되어 있을 정도다. 넓은 크기를 자랑하는 야외수영장 역시 자랑거리다. 애견인들은 잔디밭을 볼 때 마음이 나뉜다. 푸른 잔디밭에서 마음껏 뛰어노는 반려견들을 볼 때 행복해하기도 하고, 때로는 제초제 등을 사용하지는 않았을까 걱정이 된다. 그러나 안심하자. 주인장이 직접 잡초를 뽑으며 일일이 관리했기 때문이다.

INFO
- 강원도 평창군 봉평면 버들개길 80-11 (유포리 276-2) ★ 033-333-9980, 010-2993-8450
- sannaedlepension.co.kr
- 객실당 반려견 2마리까지 동반 가능
  - 소형견은 2마리까지 무료, 추가시 1마리당 1만 원 부과
  - 중형견은 1마리까지 무료, 추가시 1마리당 1만5천 원 부과
  - 대형견은 1마리까지 무료, 추가시 1마리당 2만 원 부과

평창 Accommodation8

모든 것이 갖추어진 강아지 천국

쿠키마당 펜션

덩치 큰 리트리버가 수영장으로 풍덩 뛰어든다. 원래 리트리버는 물을 좋아하는 반려견이다. 처음 이곳을 방문하는 사람들이라면 쿠키마당의 주인장은 마치 사람이 아니고 리트리버 같다는 느낌을 받을 지도 모른다. 그만큼 반려견들이 편하고 재미있게 놀기 때문이다. 게다가 이곳의 이름은 주인장 반려견의 이름을 따서 지어졌다. 이 녀석은 여러 차례 TV에도 출연해 주가를 높였다. 건물 외형을 보면 노출 콘크리트와 원목으로 된 고급스러워 보이는 인테리어가 가장 먼저 눈길을 끈다. 객실은 복층과 단층 펜션이 있으며, 원룸형인 쿠키(1층) 외엔 모두 독립형 침실을 두어서 넓고 프라이버시가 매우 잘 지켜지는 편이다.

INFO

🏠 강원도 평창군 방림면 감동지길 100 (계촌리 2232)   ★ 010-4369-0460

⚙ dogpension.co.kr

🚩 객실당 2마리 (초대형견 제외)까지 동반 가능
초과 시 소형견 1만 원, 중형견 1만5천 원, 대형견 2만 원, 초대형견 2만5천 원 추가
애견 드라이룸 이용 시 소형견 3천 원, 중형견 5천 원, 대형견 1만 원

평창 **245**

| 평창 Accommodation 9 |

경치에 반하고, 편리함에 감동하는
타임 펜션

타임펜션은 펜션 주인이 이곳의 경치에 반해 도시생활을 청산하고 펜션을 시작했을 만큼 아름다운 풍경을 자랑한다. 넓은 잔디마당은 반려견이 뛰어놀기에도 충분하고, 대형스크린도 설치되어 있어 해가 지면 다 같이 영상을 볼 수 있다. 펜션 앞으로는 물놀이와 피라미 낚시를 하기 좋은 금당계곡이 흘러가고, 언제든 금당산을 두 눈에 담을 수 있다. 여름이면 래프팅과 자전거 하이킹을, 겨울이면 주변 스키장에서 스키와 눈썰매를 즐길 수 있다. 반려견을 위한 시설 역시 잘 갖춰져 있다. 반려견 전용 야외 수영장과 드라이룸은 물론 전문적인 장비와 세트가 갖춰진 사진 스튜디오에서는 사랑하는 반려견과 멋진 사진을 남길 수도 있다.

INFO
🏠 강원도 평창군 봉평면 금당계곡로 1745 (유포리 75-1)
⭐ 033-333-7002, 010-9742-4230, 010-4236-4230 ⚙ thymepension.com
🚩 소형견만 동반 가능 (대형견 입실 불가), 2인 기준 객실당 1마리까지 무료 추가 시 1마리당 2만 원씩 부과

평창 Accommodation10

울타리 있는 잔디 놀이터가 인상적인 곳
하늘자락 물소리 펜션

이효석의 소설 '메밀꽃 필 무렵'의 배경이 된 고장 봉평. 이곳은 예로부터 메밀꽃이 유명했다. 최근에도 이 소설을 소재로 한 축제가 열릴 정도다. 물 맑고 산세 좋은 이곳 봉평에 반려견을 동반할 수 있는 숙소가 들어섰다. 안전한 잔디 놀이터에서는 큰 불편 없이 반려견들이 뛰어놀 수 있도록 배려했다. 반려견 수영장을 비롯해 카페, 산책로 등 다양한 시설도 빼놓을 수 없다. 거실은 작지만 복층 구조로 재미를 더했다. 카페에는 코인 노래방이 있어 가족 단위 여행자들의 흥미를 돋워준다. 특히 펜션 앞에는 푸른 빛이 도는 계곡이 있어 물놀이를 즐기는 사람들의 사랑을 받고 있다.

INFO
- 강원도 평창군 봉평면 보래령로 587-46 (덕거2리 659-1)
- 033-336-4116, 010-2003-6076 skyend.co.kr
- 10kg 이하 반려견만 가능, 객실당 1마리까지 무료, 추가 시 1마리당 1만5천 원씩 부과

홍천 Place 1

반려견과 함께 야생 버라이어티!

모곡레저타운

모곡 밤벌유원지에 위치한 모곡레저타운은 래프팅, ATV, 서바이벌과 같은 레포츠 프로그램과 펜션, 식당, 오토캠핑장 등을 갖춘 종합레저타운이다. 드넓은 모래사장에 텐트를 펼칠 수 있으며, 몇 천 원 수준의 청소비만 내면 거의 공짜에 가까운 캠핑을 즐길 수 있다. 반려동물도 자유롭게 출입할 수 있어 가족들과 함께 물놀이를 즐기기도 좋다.

INFO
🏠 홍천군 서면 밤벌길 149-1   ★ 033-435-8333   ⚙ hongcheonkang.co.kr

홍천 Place2

귀여운 당나귀들의 천국
숲 속 동키마을

당나귀를 비롯해 평소 접해보기 어려운 다양한 동물들을 만나 교감하고 힐링하며 나눔과 배려를 키우는 공간이다. 반려동물도 환영받는 곳으로, 목줄을 채우면 자유로운 관람이 가능하다. 캠핑은 사전 예약제로 운영 중이며, 데크와 테이블, 정자들도 있어 이용에 편리하다. 수제초콜릿 만들기와 양초공예, 비누공예, 목공예, 피자 만들기, 승마 트레킹 코스도 갖추고 있다. 동물먹이 체험장은 아이들이 좋아한다.

INFO
- 강원도 홍천군 홍천읍 며느리고개길 148-18
- 010-9523-5560, 033-434-3486
- dongkeyvillage.modoo.at
- 09:00~18:00 (하절기 연장 운영)
- (먹이주기 체험 포함) 성인 5천 원, 미취학 아동 3천 5백 원

홍천 추천 맛집

여기 모르면 간첩
양지말화로구이

홍천을 대표하는 의외의 먹거리라면 고추장 양념으로 버무린 삼겹살을 참나무 숯불로 구워낸 화로구이를 꼽을 수 있다. 중앙고속도로 홍천IC에서 나오면 화로구이 골목을 만날 수 있다. 그중 30년 전통 원조 양지말화로구이를 추천한다.

INFO
- 강원도 홍천군 홍천읍 양지말길 17-4　★ 033-435-7533
- 평일 11:00~21:00, 주말 10:00~21:30 (명절 전날, 당일 휴무)
- 고추장 화로구이, 메밀막국수 등

홍천 Accommodation1

객실마다 스파시설
아이리스 펜션

맑고 깨끗한 자연 속에서 편안히 쉬다 갈 수 있는 '힐링' 펜션이다. 각 객실마다 설치된 스파 시설에서 몸을 풀고 개별 테라스에서 바비큐를 즐긴다면 이보다 더 좋을 순 없을 것이다. 특히 눈에 들어오는 것은 모던한 인테리어. 외관뿐만 아니라 내부 시설과 객실까지 깔끔하고 정돈된 인테리어가 이곳에서의 기억을 더 좋게 한다. 아이리스 펜션은 홍천 대명 비발디파크 리조트로부터 5분 거리에 있어, 리조트에서 레포츠를 즐기고 머물고 가기에도 좋다. 뿐만 아니라 홍천의 맑고 깨끗한 지하수를 이용한 공동 수영장과 개별 수영장, 그리고 반려견 전용 수영장까지 갖춰져 있어 숙소에만 있어도 충분히 즐거운 여행을 보낼 수 있다.

INFO
- 강원도 홍천군 서면 굴업솔골길 60-9 (굴업리 280)
- 033-435-8977, 010-9043-8977
- 소형견 (5kg 미만), 털이 많이 빠지지 않는 종만 가능
  객실당 2마리까지, 1마리당 1만 원 부과

홍천 Accommodation2

밤나무 향기 그윽한 계곡 옆의 캠핑장
밤벌오토캠핑장

반려견과 함께할 수 있는 탁 트인 유원지다. 홍천 강변임에도 지대가 높아 비가 와도 안전하고, 홍천강의 다른 곳에 비해 밤나무가 많이 심어져 있어 한여름에도 나무 그늘의 시원함을 느낄 수 있는 곳이다. 다만 화장실이 다소 불편하다는 평이 있다.

INFO
- 강원도 홍천군 서면 팔봉산로 936
- 033-434-8971
- 1만 원 (주말 여부 및 시설 사용에 따라 요금 상이)

횡성 Place1

힘들어도 함께 오르자

태기산

짜릿한 레저를 즐길 줄 안다면 '태기산'을 권하고 싶다. 강원도 횡성의 태기산은 초심자라도 약간의 모험심을 발휘한다면 충분히 오를 수 있는 곳이다. 반려견 동반 트레킹도 가능하다. 직접 트레킹하기가 부담된다면, 4륜구동 차량으로 강원도 산길을 신나게 달려보는 것도 좋다. 내비게이션에 '태기산'을 검색하면 양두구미재에서 끊긴다. 양두구미재에 다다른 뒤, 왼쪽으로 급격히 차를 꺾어 올라가면 산 정상 쪽으로 향할 수 있다. 가다 보면 산길을 따라 풍력 발전기들이 돌아가는 모습을 볼 수 있다. 그만큼 바람이 강한 곳이지만, 발전기 관리를 위해서인지 길은 비교적 잘 닦여 있다. 끝까지 올라가면 군부대로 올라가는 코스다. 마지막 풍력발전기가 있는 곳에서 차량을 돌려 내려가면 된다. 방심은 금물이다. 간간이 등산객들이 백팩을 메고 산길을 오르내리는 데다 S자, C자 코스도 골고루 섞여 있다. 또한 다른 차량과 반드시 한 조를 이루는 게 좋다. 조난 위험이 있기 때문이다.

INFO
🏠 강원도횡성군 둔내면 화동리 태기산   ★ 033-340-2545
⚙ (횡성군 관광안내소) hsg.go.kr/tour

트레킹 코스로 각광받고 있는 태기산

횡성 **추천 여행지**

피톤치드 가득한 전나무숲
청태산 자연휴양림

쉬어 가기 좋은 횡성군의 청정 휴양지 중에 청태산자연휴양림이 있다. 극상의 공기질을 자랑하는 전나무 숲으로 유명한 곳이다. 특히 겨울철엔 눈이 30㎝ 이상 쌓이는데, 평소 많았던 길이 감쪽같이 사라져 태고의 분위기를 자아내기도 한다. 이곳은 수도권과 가깝고 피톤치드가 풍부한 잣나무 등 수목이 울창해 도시인들에게 인기가 높다. 영동고속도로와 인접해 있어 귀경길에 들러 쉬었다 가기에도 좋다. 휴양림에는 휠체어를 탄 사람도 쉽게 움직일 수 있는 데크로드가 마련돼 있어 몸이 불편한 사람들도 부담 없이 피톤치드에 흠뻑 취할 수 있다.

INFO
- 강원도 횡성군 둔내면 삽교리 산1-4
- 033-343-9707
- huyang.go.kr/main.action

횡성 Eat & Drink 1

횡성한우 지역민 추천 맛집

대관령한우프라자

'한우의 고장' 횡성에 왔다면 후회 없이 한우를 맛보고 가길 추천한다. 이곳은 이미 인터넷 상에서 맛집으로 소문난 한우 숯불구이 집이다. 지역민도 추천하는 한우 식당이라 한창 점심 때 찾으면 대기 시간이 길 수 있다.

INFO
🏠 강원도 횡성군 둔내면 고원로 173 ★ 033-344-3232 🕐 11:00~21:30 (연중무휴)
📄 모둠구이, 꽃등심 등

횡성 **추천 맛집**

숨어 있는 횡성 맛집
태기산 막국수

태기산에서 내려온 뒤 긴장이 풀린다 싶으면 둔내로 들어가 얼얼한 막국수 맛에 빠져보길 권한다. 얇게 살얼음이 낀 막국수의 맛이 일품이다. 말로만 '맛집'이라며 떠들썩하게 광고하는 도심의 몇몇 식당들과는 다른, 소박하고 간결하지만 제대로 된 맛이다. 국물이 진국인 데다 먹으면 뚝뚝 끊어지는 메밀의 특성이 느껴진다. 살얼음에 혹시나 속이 얼얼해졌다면 주전자에 따스하게 데워져 내온 메밀차를 마시며 속을 달래면 된다.

INFO
🏠 강원도 횡성군 둔내면 자포곡리 405-9
📞 033-342-1072

횡성 Accommodation1

푸른 빛 도는 계곡에 풍덩
병지방 오토캠핑장

갑천면 어답산 자락에 위치한 횡성 병지방 오토캠핑장은 푸른빛이 도는 물로 유명한 병지방 계곡 근처에 있다. 일반 야영장 수준이었던 곳이 오랜 공사 기간을 거쳐 제대로 된 오토캠핑장으로 재탄생했다. 일부 구역은 카라반까지 수용 가능하다. 물론 수세식 화장실과 개수대도 갖추고 있다. 특히 C구역 캠핑장에서는 반려견 입장도 허용된다고 하니, 함께 자연을 벗삼아 꿀맛 같은 1박을 보내보자.

INFO

🏠 강원도 횡성군 갑천면 병지방리 539-1 병지방오토캠핑장관리소

★ 033-343-7639, 033-345-2547, 010-5760-8804   👤 (5~10월 운영) 캠핑료 3만 원

횡성 Accommodation2

스키와 힐링, 모든 것을 갖춘 곳
유비캐슬 펜션

서울에서 약 1시간 30분 거리에 위치해 있는 유비캐슬 펜션. 이곳은 강원도만의 수려한 자연 풍광과 맑은 공기를 자랑하는 동시에 각종 시설과의 근접성 역시 훌륭한 편이다. 주변에 현대 성우리조트가 있어 겨울에는 스키를 즐길 수 있다. 뿐만 아니라 주천강자연휴양림, 둔내휴양림과도 근접해 있고, 20분 거리에 있는 강원참숯마을에서 참숯찜질을 즐길 수도 있다. 주문진 해변 역시 1시간 이내의 거리에 있다. 높은 언덕 위의 하얀 집 유비캐슬은 오전 일찍 안개가 환상적인 곳이므로 아침 일찍 일어나보자.

INFO
- 강원도 횡성군 둔내면 강변로 영랑6길 109 (영랑리 69-2)
- 033-345-6009, 010-8833-0019　ubcastle.co.kr
- 반려견 크기 제한 없음 (단, 대형견은 사전 문의 필수)
  반려견 1마리까지 무료
  객실에 따라 1~4마리 동반 가능

PART 4 경상도

경상도는 산지가 많아 척박한 가운데서도 대한민국의 주류 문화를 이끌어온 지역이다. 그만큼 역사유적이나 비경을 지닌 곳이 많아 반드시 다녀와야 할 곳이다. 특히 강원도 태백과 인근한 경북 북부지역은 강원도와 비슷한 비경과 산간오지의 맛난 산나물을 만날 수 있다. 반려견 여행지도 점차 늘어나고 있다. 실질적인 반려견 펜션이나 반려견 동반 식당이 아니더라도 이를 허용하는 곳도 증가하는 추세다.

부산 Place1

토끼와 거북이가 나올 것 같은
해동용궁사

　기장읍 시랑리의 해동용궁사는 우리나라에서 바다와 가장 가까운 사찰 가운데 하나다. 마치 일본 규슈 미야자키의 우도신궁과 비슷한 곳이다. 두 곳 다 바닷가로 내려가는 계단이 있다는 공통점이 있다. 바다에 위치한 사찰로 내려가는 계단을 밟으니 시원한 파도 소리가 철썩철썩 귓전을 때린다. 산문을 들어서면 시원한 바닷바람이 얼굴을 훑고 지나가고, 저 멀리 바닷가에 세워진 해수관음상이 시야를 탁 트이게 한다. 해수관음상은 만경창파를 자비로운 눈길로 쳐다보듯 중생을 넓은 덕으로써 교화시킨다는 의미를 담고 있다. 한 가지 소원은 꼭 들어준다 한다. 반려견 동반이 가능한 곳이지만 이용객들이 너무 많지 않은 아침 일찍이나 오후 늦게가 좋다. 인파가 붐빌 경우 소형견들은 안고 가는 편이 안전하다.

INFO

🏠 부산시 기장군 기장읍 용궁길 86 (시랑리 461-1)
★ 051-722-7744 ⚙ yongkungsa.or.kr

1 1년 뒤 배달 되는 슬로우 우체통
2 마치 용궁에 온 듯한 착각을 불러일으키는 사찰

부산 Place2

조용하고 아름답다
죽성드림성당

기장읍 죽성리는 신라시대 성벽이 자리잡고 있는 데다 대나무가 많아 얻은 지명이라고 한다. 죽성리에는 두호항이 있는데, 자그마한 포구 마을 한쪽 끝을 돌아서면 왼쪽 바닷가에 아름다운 죽성드림성당이 자리 잡고 있다. 방파제를 배경으로 빨간 지붕에 유럽풍 건물이 인상적인 이 성당은 기념사진 찍기 좋은 포인트다.

INFO
부산시 기장군 기장읍 죽성리 134-7

부산 Place3

무릎까지 찰랑거리는 계곡물
장안사 계곡

무릎까지 오는 얕은 물에서 신나는 물놀이. 실제 피서에 훨씬 안성맞춤인 곳이 바로 장안읍의 장안사 계곡이다. 유명 사찰인 장안사 앞 계곡에는 피서객들이 돌을 쌓아 만들어 놓은 '돌탑수영장'들이 즐비하다. 자신만의 수영장을 직접 만드는 것이다. 반려견과 가더라도 돌탑을 쌓아 그 안에서 수영을 즐겨도 좋다. 계곡은 취사가 금지돼 있으므로 불판과 가스레인지는 들고 가지 않는다.

수심이 얕아 반려견과 함께 놀기 좋다.

INFO

🏠 (장안사) 부산시 기장군 장안읍 장안로 482(장안리 598)
⭐ 051-727-2392~3

부산 Eat & Drink1

강아지 구역이 따로 있는
오픈하우스가든

펜션형 숯불바비큐점을 지향하는 곳이다. 마치 캠핑을 하며 바비큐를 해먹는 듯한 기분을 낼 수 있다. 강아지를 싫어하는 사람들을 위한 구역이 따로 정해져 있다. 울타리 내부에는 풀어둬도 되지만 울타리 밖에선 목줄을 착용해야 한다.

INFO

🏠 부산시 북구 중리로 90 (만덕동 62) ★ 051-332-0797

🕐 평일 11:30~22:30, 토요일 11:00~23:00 (명절 휴무) 🚩 주말 반려견 동반시 전화 예약 필수

부산 Eat & Drink2

강아지와 함께 샤브샤브를 즐길 수 있다니!

샤브야

월남쌈 샤브샤브가 맛나다는 평가를 받는 곳이다. 런치메뉴는 10% 할인을 해준다. 반려견 동반은 미리 전화로 예약하면 룸으로 안내한다. 패드랑 밥그릇도 준비해준다.

INFO

🏠 부산시 해운대구 달맞이길 193 (중동 1489-4)　★ 1899-4717　⚙ shabuya.co.kr

🕚 11:00~22:00 (연중 무휴)　📄 샤브샤브월남쌈 한우/한돈/소고기/해물 세트

부산 추천 맛집

부산 왔으면 미역은 드셔야지예!
오복미역

오복미역의 대표 메뉴 가자미미역국

최초의 미역 요리 전문점으로, '돈을 주고 미역국을 사 먹다니?' 하는 인식을 바꿔놓은 미역 요리 브랜드이다. 부산을 시작으로 전국에 가맹점이 수십 곳으로 늘어나고 있다. 가자미 미역국, 전복 가자미 미역국, 조개 미역국, 소고기 미역국 등 다양한 미역국이 있다. 최근에는 일본 등 외국 관광객들에게도 인기를 끌고 있다.

INFO
🏠 부산 해운대구 구남로 28   ★ 051-747-8023

미역은 기본 전복도 반드시!
기장혼 국보미역

부산의 먹거리는 많지만 최근에는 미역전문 요리점이 인기를 끌고 있다. 기장혼 국보미역은 미역을 주재료로 한 음식점이다. 미역국은 물론 싱싱한 전복으로 맛을 낸 전복구이도 이 집의 추천 메뉴 중 하나이다. 반려견 동반은 힘들지만 꼭 한번 다녀올 만한 곳이다.

INFO
🏠 부산시 기장군 기장읍 공수1길 3 (시랑리 637-3)
★ 051-723-2332
🕐 평일 10:00~20:30, 주말 08:30~20:30

더펫텔은 반려견을 데리고 투숙이 가능한
국내 최초의 호텔이다.

부산 Accommodation1

국내 최초 반려견 투숙 호텔
더펫텔

부산 해운대에 위치한 더펫텔 프리미엄 스위트는 반려견 동반 투숙이 가능한 국내 최초 호텔이다. 총 39개의 객실과 애견카페, 멀티숍, 미용, 24시간 애견호텔 등의 시설을 갖추고 있으며 호텔 내에 동물병원까지 입점해 있어 반려인들에게 원스톱 프리미엄 서비스를 제공한다. 해운대해수욕장과 동백섬 등의 수려한 관광지에 인접해 있으며, 벡스코 및 센텀시티에서 불과 5분 거리이다. 여행이나 각종 행사 및 출장 시 반려동물을 다른 곳에 맡기지 않아도 된다는 것이 커다란 장점이다. 소규모 파티룸 등의 용도로 이용할 수 있는 등급별 객실도 여럿 보유하고 있다.

국내 최초 반려동물 동반 호텔로 기존의 호텔들과는 차별화된 서비스를 제공한다는 자부심을 느낄 수 있다. 그동안 더펫텔을 방문한 견종 BEST 6를 선정해 해당 견종이 방문하면 특별한 혜택을 주는 이벤트도 마련하고 있다.

INFO
🏠 부산시 해운대구 해운대해변로 197번길 12 (우동 762-27)
⭐ 051-999-2000 ☎ thepetel.com 🕐 입실 15:00~퇴실 11:00
🚩 2인 + 반려동물 1마리 기준, 초과시 추가비용 발생, 홈페이지 참조

부산 Accommodation2

아난티 리조트에서 만나는 최고급 애견숙소
하울팟

　리조트 전문 그룹 아난티가 부산에 반려견을 수용할 수 있는 리조트를 마련했다. 아난티 코브는 부산에서 가장 빠른 일출을 볼 수 있는 바닷가의 고급 휴양 마을로, 부산시가 관광 랜드마크로 조성 중인 동부산관광단지에 위치해 있다. 1km가 넘는 해안가를 따라 6성급 힐튼부산 호텔, 회원제 리조트 아난티 펜트하우스, 프라이빗 레지던스를 비롯, 아난티 타운, 천연온천 워터하우스 등이 들어서 있다. 해운대에서 차로 15분 거리로, 현재 완공된 단일 휴양 시설로는 국내 최대 규모다.

　이 해안 마을에 하울팟(HOWLPOT)이라는 반려동물 호텔이 등장했다. 세련된 반려동물 디자인 가구와 용품 브랜드로 유명한 '하울팟'에서 선보이는 호텔로, 반려동물을 위한 최적의 환경 속에서 최첨단 스파 시스템, 데이케어, 유치원, 미용, 해변 산책 활동 등 차별화된 서비스를 누릴 수 있다. 입실하면 아침, 저녁으로 산책도 시켜주고, 빗질까지 해준다. 소심함 또는 활발함 등으로 그룹을 나눠 전문 훈련사들이 케어도 해준다. 3시간 HALF DAY 케어도 가능하니 부산에서 반려견 동반이 되지 않는 곳에 식사하러 갈 때 잠깐 맡겨 두는 것도 좋겠다.

1,3 하울팟 외부
반려동물을 위한 최첨단 스파 시스템, 데이케어, 유치원, 미용, 해변 산책 활동 등 차별화된 서비스를 누릴 수 있다.

INFO

🏠 부산시 기장군 기장읍 기장해안로 268-32 (시랑리 704-1) 부산힐튼 아난티코브 하울팟

⭐ 051-604-7268 ⚙ blog.naver.com/howlpotbusan 🕐 입실 10:00~퇴실 20:00

👤 호텔링 1박2일 5만 원, HALF DAY 케어 1만 원(3시간 기본, 추가시 시간당 3천 원), 문의 필수

울진 Place1

깊고 푸른계곡을 만나다
왕피천 지역

왕피천은 경북 영양군 수비면에서 발원해 동해로 빠지는데, 길이가 60㎞가 넘는 아름다운 계곡이다. 기암괴석으로 이뤄진 비경으로 그만큼 일반인의 접근이 어렵지만 계곡 트레킹이 각광받고 있다. 이곳은 국내 최대 규모의 생태경관보전지역이기도 하다. 하류에는 민물고기 연구센터가 자리잡고 있다. 토종 최상위층 물고기인 쏘가리부터 각종 다양한 물고기들이 헤엄치고 있어 어린이들뿐만 아니라 연인들도 찾아볼 만하다. 왠지 토속적이고 생소한 느낌의 굴구지 마을도 왕피천 계곡의 한 지역을 차지하고 있다.

INFO
🏠 경상북도 울진군 금강송면 삼근리 186
⭐ 054-782-1501

울진 Place2

태백을 가로지르다
백두대간 협곡열차

태백지역의 무연탄을 나르던 낡은 기찻길이 있었다. 백두대간을 가로지르던 이 기찻길은 수십 년이 지나 폐선 위기에 처했다. 그러나 아름다운 비경으로 인해 백두대간 협곡열차가 달리는 길로 되살아났다. 경북 봉화 분천역~양원역~승부역~철암역에 이르는 27.7km 구간은 대한민국에서 가장 아름다운 기찻길로 유명하다. 기찻길을 사이에 두고 경북 봉화와 울진이 마주보고 있다. 열차 기관차의 외관은 백호랑이 모습을 하고 있으며, 화물차를 개조한 빨간 객차는 창을 통으로 크게 내 낙동강 최상류의 비경을 바라볼 수 있다. 객실 내부에는 목탄난로와 선풍기, 옛날식 좌석 등이 옛 추억을 불러일으킨다.

주민들이 직접 지은 초소형 미니 역사

INFO
- v-train.co.kr
- 하루 3회 왕복, 시간표는 홈페이지 확인
- 분천-철암 편도 8천4백 원
- 백두대간 협곡열차 정차역: 분천~양원~승부~철암

울진 Place3

라벤더 향기에 강아지가 행복해하는 곳
강아지 치유농업 양원마을 라벤더

강아지가 꽃내음을 맡으며 행복해하는 모습을 본 적이 있는가? 백두대간 협곡열차(V트레인)가 서는 오지마을 양원역 건너편에 라벤더 농장이 자리잡고 있다. 양원역이 있는 곳은 봉화지만, 다리 건너면 울진군 금강송면이다. 둘 다 원곡이라 불렸는데, 두 개의 원곡이라 해서 양원마을이 되었다. 양원라벤더 농장은 특히 라벤더가 개화할 때쯤 방문하면 빨간 협곡열차가 푸른 백두대간을 배경으로 보랏빛 라벤더 밭을 가로지르는 모습이 장관이다.

양원라벤더 농장은 강아지를 환영한다. 귀여운 허스키가 양원라벤더 농장의 심볼이다. 신선한 라벤더 향을 맡는 것 자체로도 힐링이 되는데, 놀라운 것은 강아지들이 이 라벤더 밭을 무척이나 좋아한다는 것이다. 라벤더 밭을 돌아다니며 라벤더 꽃에 코를 대고 킁킁대는 강아지의 모습에 사진기를 절로 갖다대게 된다.

이곳은 반려견을 데리고 캠핑도 가능하다. 계곡 물놀이 최적 장소인 불영계곡도 인근이라 물놀이하기도 좋다. 반려견을 데리고 여행하는 중이라면 이곳의 원예치유프로그램을 이용하거나 천연 라벤더 향을 첨가한 강아지 전용 비누 만들기도 체험해보자.

낙동강 최상류의 비경 속에 활짝 핀 라벤더밭을 보면 힐링이 절로 된다.

INFO
🏠 경상북도 울진군 금강송면 전곡리 302 ★ 010-5029-6618 ⚙ ylvender.modoo.at

울진 Accommodation1

동해바다의 매력이 한눈에
바다목장 펜션

　동해바다를 내려다볼 수 있는 위치에 자리한 바다목장 펜션은 편백나무로 시공한 깔끔한 인테리어와 편리한 시설을 자랑한다. 객실에 들어서면 은은히 퍼지는 편백나무 향이 이곳의 자랑이다. 대부분의 객실이 바다전망 테라스를 갖추고 있으며, 테라스에서는 개별 바비큐를 할 수 있다. 객실이나 날씨 상황에 따라서 실내 공용 바비큐장 이용도 가능하다. 그 외에도 부대시설이 다양하다. 야외수영장뿐 아니라 반려견을 위한 전용 수영장을 따로 갖추고 있으며, 다양한 레포츠를 즐길 수 있도록 탁구장, 배드민턴장, 골프연습장도 마련되어 있다. 펜션에서 걸어 나오면 가까운 바다에서 해수욕, 조개잡이, 바다낚시 등을 즐길 수 있다.

INFO
- 경상북도 울진군 평해읍 박실길 12-23 (거일리 63)
- 054-788-1525, 010-5443-5446
- oceanfarm.kr
- 소형견만 동반 가능
  객실당 최대 2마리 가능
  반려견 입장 무료

영덕 Place1

바다와 산, 계곡을 모두 안은 곳 영덕
산림생태문화체험공원

매년 3월 강구항에서 열리는 대게축제로 인산인해를 이루는 영덕군. '대게의 고장'이란 인식 때문에 영덕군 하면 파도가 넘실대는 바다가 가장 먼저 떠오르지만, 푸른 산림을 자랑하는 곳이기도 하다. 영덕의 아름다운 산림을 올인원으로 체험할 수 있는 곳이 있다. 영덕군 산림생태문화체험공원이다. 최근 해맞이캠핑장과 합쳐져 공원의 규모가 더욱 커졌다. 영덕풍력발전단지와도 가까워 가족 단위 여행지로 적합한 곳이다. 생태연못, 우드칩로드, 전동휠체험장 등 체험형 시설 외에 각종 테마 전시관도 있다. 정크아트와 트릭아트를 동시에 관람할 수 있는 '정크트릭아트전시관'과 목공예체험이 가능한 '해맞이예술관'이 공원 내에 있다. 다만 별도로 관람료를 지불해야 하고, 운영 시간도 전시관마다 다르므로 홈페이지에서 확인하는 것이 좋다. 전시관은 매주 월요일과 설, 추석 당일에 휴관한다. 무엇보다 깔끔하고 개성 넘치는 숙박 시설이 인기다. 통나무형 단지 '바다숲향기마을'과 캡슐모양 하우스 '해맞이캠핑장'으로 나뉘는데, 가족 단위로 이곳을 찾았다면 후자를 권한다. 마치 큰 캠핑카에서 하룻밤을 보내는 듯한 느낌이 들어 아이들에게 좋은 추억거리로 남을 수 있다. 숙박 예약은 홈페이지에서만 가능하다. 당일 예약은 불가하며, 이용시간은 당일 오후 2시에서 익일 오전 11시까지다.

INFO
산림생태문화체험공원

🏠 경상북도 영덕군 영덕읍 해맞이길 254-20 (창포리 329-3)

⭐ 054-730-7054 ⚙ park.yd.go.kr

👤 무료

INFO
영덕풍력발전단지

🏠 경상북도 영덕군 영덕읍 해맞이길 254-6 (창포리 산 24-4)

⭐ 054-734-5871 🕐 24시간

👤 무료

| 영덕 | 추천 맛집 |

숟가락으로 퍼먹는 싱싱한 회가 듬뿍!
영덕물회막회

물회가 맛난 집이다. 특제 소스로 맛을 내기 때문이다. 7번국도 울진에서 포항으로 내려가는 하행선 방향에 있기 때문에 진입도 쉽다. 반려견을 위한 공간은 따로 없다.

INFO
- 경상북도 영덕군 강구면 나비산1길 21 (오포리 596-2)
- 054-733-9672

영덕 Accommodation1

펜션 앞에 펼쳐진 바다
영덕 오션 펜션

'영덕'하면 맛있는 대게와 더불어 시원한 동해 바다를 떠올리게 된다. 영덕은 또한 손끝에서부터 전해져오는 짜릿한 손맛, 즉 바다낚시의 메카이기도 하다. 사시사철 다양한 바다 낚시 대상어가 출몰하는 곳이므로 낚시 마니아라면 오션 펜션을 놓치지 말자. 펜션 바로 앞에 갯바위 낚시와 백사장, 원투 낚시 포인트도 있다. 영덕 바닷가의 시원한 전경을 자랑하는 2층 펜션에는 여러 가지 즐길거리가 많다. 바다가 손에 잡힐 듯 내려다보이는 마당에는 나무 그네가 있어, 사랑하는 반려견과 나무 그네에 앉아 시원한 바닷바람을 맞을 수 있다. 최근에는 카라반도 설치돼 바다 전경을 바라보며 카라반 캠핑을 즐기고 싶은 사람들을 유혹하고 있다.

INFO
- 🏠 경상북도 영덕군 병곡면 동해대로 7732 (백석리 19번지)
- ★ 010-5144-9779 ⚙ ydocean.co.kr
- 🐕 소형견 (5kg 이하) 1마리 무료 입장 가능 초과시 1마리당 1만 원 부과

경주 Place1

스탬프 모으는 재미가 쏠쏠
스탬프 추억 여행

일행 중 경주에 처음 온 사람이 있거나, 어쩔 수 없이 북적이는 여행지를 다녀야 하는 경우라면 자연스레 고민이 시작될 것이다. 피할 수 없다면 즐기라 했다. 무작정 여행지를 찾아다니지 말고 좀 더 재밌는, 나름 보람찬 방법으로 여행을 즐기는 건 어떨까. 다녀온 여행지의 감흥을 '아날로그 감성'으로 살리는 '스탬프 추억 여행'을 권한다. 경주의 대표적인 역사문화명소 15곳을 방문해 스탬프를 찍으면 되는데, 명소마다 문화관광해설사의 집에 스탬프용지와 스탬프가 비치돼 있다. 문화해설사가 근무하는 오전 9시 30분부터 오후 5시 사이에 방문해야 한다는 것을 잊지 말자. 스탬프 투어만의 묘미랄까, 여행지의 개성을 한껏 살린 스탬프 그림들은 저마다 모으는 재미가 쏠쏠하다. 최근 몇몇 지자체는 위치 기반 어플을 통한 디지털 스탬프 여행 시스템을 도입해, 젊은 세대의 취향을 사로잡고 있다. 천년고도 경주는 특히 스탬프 투어가 활성화된 곳이다. 스탬프는 시내권, 서악권, 불국사권 등 3권역에 걸쳐 만들어졌다. 대표 고분인 대릉원을 비롯해 교촌마을, 포석정, 첨성대, 양동마을, 무열왕릉, 불국사, 석굴암 등 여러 명소에 골고루 설치되어 있다. 스탬프를 모아 소정의 상품도 받을 수 있다니, 여행 중 미션으로 시도해보자.

1 첨성대 앞에 활짝 핀 구절초가 아름답다.
2 왕릉 앞에서 한가로이 쉬는 사람들
3 봄에는 벚꽃 야경이 매력적이다.

스탬프 투어 루트

시내권~남산권

추천코스 대릉원 → 첨성대 → 분황사 → 경주동궁과 월지 → 교촌마을 → 오릉 → 포석정지

서악권~북부권

추천코스 경주 무열왕릉 → 경주 김유신묘 → 양동마을
* 서악권은 자전거로 이동이 가능하지만 북부권의 양동마을까지는 반드시 차로 이동해야 한다.

불국사권~동해원

추천코스 경주 원성왕릉 → 불국사 → 동리목월문학관 → 석굴암 → 감은사지

INFO ★ 051-722-7744 (경주문화관광과)

경주 **추천 여행지**

천년 역사가 한눈에
국립경주박물관

사실 여행을 제대로 즐기는 사람들은 여행에 앞서 목적지의 역사와 전해 내려오는 이야기 등을 먼저 공부한다. 아는 만큼 보인다는 말이 여행에서도 통하기 때문이다. 같은 맥락에서 혹시 아이들과 함께 '역사 여행' 겸 경주를 찾는다면 국립경주박물관을 권하고 싶다. 오랜 시간 신라의 수도였던 경주에서 직접 신라의 유물과 문화를 접한다는 것만으로도 아이들에겐 특별한 공부가 될 것이다. 국립경주박물관은 고고관, 미술관, 안압지관, 옥외전시장이 상설로 열린다. 교과서에서만 보던 성덕대왕신종과 신라 의복을 가까이에서 보고, 직접 체험해볼 수도 있다. 정해진 테마에 따라 특별전시도 수시로 열리고 있어 신라의 역사와 매력을 다각도로 접하기에 좋다. 매달 마지막 주 수요일과 3월~12월 매주 토요일에는 야간연장을 실시한다. 야간 개장 시즌에는 은은한 조명이 더해져 옥외전시장의 유물들이 더욱 고고하게 빛난다.

INFO
- 경상북도 경주시 일정로 186 (인왕동 76)
- 054-740-7500
- gyeongju.museum.go.kr
- 무료
- 10:00~18:00, 일요일 및 공휴일은 1시간 연장,
  1월1일, 설날, 추석 휴관, 토요일 야간개장 (~21:00)

| 경주 Accommodation1 |

경주 여행의 거점 숙소
햇살가득 펜션

신라의 역사가 담긴 도시 경주에 위치한 햇살가득 펜션은 우수한 위치를 자랑한다. 불국사, 석굴암이 차로 5분 거리, 보문단지와 경주월드는 차로 10분 거리에 있어 이곳에서 머물면서 경주 여행을 하기에 좋다. 반려견들이 자유로운 공간에서 뛰놀게 하고 싶어 반려견 전문 펜션을 만들었다는 주인장의 말처럼 넓은 잔디 정원은 반려견들이 야외에서 마음껏 뛰어놀기에 충분하다. 반려견 수영장도 있어 여름철이면 물놀이를 즐기기에도 좋다. 각각의 객실은 프로방스풍으로 꾸며져 아늑한 분위기를 자아낸다. 개별 테라스를 갖추고 있어 독립적인 바비큐도 가능하다.

INFO
- 경상북도 경주시 하동1길 39-5 (하동 751-13)
- 054-773-3100, 010-7377-3080
- gjsunshine.co.kr / 입실 14:30~퇴실 11:00
- 5kg 이하 소형견 동반 가능 (대형견은 받지 않음)
  객실당 2마리까지 무료, 초과 시나 소형이 아닌 반려동물 동반 시 10kg 미만 1만 원, 10kg 이상 1만5천 원 부과
  수영장 운영 기간(5월1일~9월30일) 동안은 1마리까지 무료

경주 Accommodation2

자연에 둘러싸인 친환경 잠자리
남산자락 펜션

경주의 남산은 여느 남산과 다르다. 1천 년 신라의 수도였던 만큼 그 자체가 하나의 박물관이라 해도 과언이 아니다. 산행에 나선다면 암벽에 새긴 마애불상이나 위태하게 서 있는 석탑 같은 다양한 유적을 만날 수 있다. 이러한 남산자락에도 반려견을 대동할 수 있는 펜션이 들어섰다. 더구나 내부는 옥돌과 황토벽으로 마감돼 있어 친환경적이다. 1급수 계곡이 펜션 바로 앞에 있어 물놀이와 함께 버들치도 잡을 수 있다. 펜션 앞마당에서는 캠프파이어가 열리기도 한다. 무엇보다 안압지와 첨성대, 천마총 오릉 등이 차로 10~20분 거리에 있어 경주 여행에 아주 편리하다는 평가를 받고 있다. 펜션에는 대형 노래방도 있어 단체 여행객들도 즐기기에 부족함이 없다.

INFO
- 경상북도 경주시 내남면 백운대길 210 (노곡리 115-4)
- 010-3511-7758 namsanjarak.com
- 반려견 크기·마리 수 제한 없음
  반려견 입장 무료

울산 Place1

입맛대로 둘러본다
울산시티투어

울산은 의외로 특색 있는 버스시티투어 코스가 다양하게 마련돼 있다. 버스투어는 문화관광해설사가 동승해 각 명소에 얽힌 이야기를 들을 수 있다는 장점이 있다. 울산시티투어는 크게 순환형과 테마형으로 나뉘는데, 탑승장으로 되돌아오는 순환형에는 두 개 코스가 있다. 울산의 상징인 고래, 바다, 억새, 울산대교를 만날 수 있는 '대왕암 코스'와 태화강 중심으로 형성된 울산의 문화 예술을 느낄 수 있는 '태화강 코스'다. 각 코스별로 다니는 명소들이 다르므로 홈페이지를 참고해 선택하면 된다. 매주 토요일 해설사의 스토리텔링과 함께 테마에 따라 울산을 관광하는 '테마형 코스'도 볼만하다. 울산 12경 중 한곳인 울산야경 코스, 현대중공업 등 울산의 산업현장을 맛볼 수 있는 코스, 역사탐방 코스, 어린이DIY 코스, 해안탐방 코스로 나뉜다. 테마형은 사전 예약이 필수이며 각 코스별로 운행되는 요일이 다르니 홈페이지에 접속해 확인하는 것이 좋다.

INFO
★ 052-700-0052　⚙ ulsancitytour.co.kr　👤 성인 1만 원, 소인(36개월~고등학생) 8천 원
🚩 매주 월요일, 명절연휴 휴무, 코스별 상이하므로 홈페이지 참조

울산 Place2

한국의 알프스
영남알프스 복합웰컴센터

알프스는 유럽에만 있는 것이 아니다. 일본에도 남·중·북 알프스가 있듯이 우리나라에도 해발 1천미터 이상의 높은 산들이 모여있는 영남지역에 영남알프스가 있다. 특히 봉우리들을 한꺼번에 연결해 거대한 원 모양의 순환 코스로 만든 29.7km 길이의 '하늘억새길'은 산사람들의 마음을 설레게 한다. 은색을 넘어 순백에 가까운 억새들이 파도처럼 일렁이기 때문이다.

영남알프스를 좀 더 편리하게 즐기고 싶다면 통합 영남알프스어플을 다운받아 가면 된다. 등산로 안내 및 주변 관광지, 숙박, 맛집이 안내돼 있고 오디오여행 콘텐츠와 긴급 전화 등의 기능도 탑재된 앱이다. 영남알프스의 비경을 즐기려는 트레킹 고수들은 야간에 산에 올라 일출과 함께 장관을 이루는 억새를 보기도 한다. 사람들로 붐비는 시간대를 피해 사진처럼 멋진 억새 트레킹 코스를 즐기는 방법이다.

INFO
🏠 울산시 울주군 상북면 알프스온천5길 103-8 (등억알프스리 517)
⭐ (울주 관광안내) 052-204-1000   ⚙ (영남알프스 소개) yeongnamalps.kr

울산 Accommodation1

첨단도시에서 만난 한옥 펜션

오뉴월 펜션

울산에 위치한 오뉴월 펜션은 한옥집으로 된 독채와 2, 3층에 위치한 총 3개의 객실이 있다. 각각의 객실은 깔끔하고 모던한 인테리어를 자랑하며, 2, 3층 객실의 경우 개별테라스에서 바비큐를 즐길 수도 있다. 반려견이 이용 가능한 시설로는 야외 수영장과 안전하게 울타리가 쳐진 마당 등이 있다. 반려견 동반이 가능한 카페도 있는데, 숙박객에게는 아메리카노를 반값으로 할인해준다. 또한 반려견을 위한 셀프 목욕과 호텔링(유료) 시설도 갖추고 있다. 레슨이나 파티를 하기 좋은 프라이빗룸도 있는데, 4시간에 6만 원, 9시간에 10만 원의 금액을 내면 이용할 수 있다. 프라이빗룸에는 취사도구는 없고, 카페를 이용할 경우 아메리카노를 3천 원으로 할인해준다고 한다.

INFO

🏠 울산시 북구 구남2길 23 (신현동 352)　★ 052-294-9798, 010-3272-9798　⚙ ohnewwall.com

🚩 1마리당 1만 원, 마킹이 심하거나 배변훈련이 안 되어 있는 반려견은 마당 이용
　 대형견은 마당을 이용하거나 리드줄 착용

통영 Place1

통영에서 시장을 빼놓지 말자
중앙시장

통영에서는 '자장면 값'으로 싱싱한 회를 맛볼 수 있다. 밤에 통영중앙시장에 찾아가면 된다. 통영중앙시장은 야간 시장이다. 아침에 통영에 갈 요량이면 서호시장에 가고, 오후에 갈 거라면 중앙시장에 가보라. 통영항을 기준으로 왼쪽에 있는 중앙시장은 오후에 열고, 서호전통시장은 아침에 부산하다. 중앙시장을 밤늦게 노닐다가 막 문을 닫으려는 횟집 한군데를 잡아 횟감을 골라보자. 큰 소쿠리 가득 담아 넣은 활어가 2만 원 선이다. 정말 싸다. 통영에 가면 서호시장과 중앙시장은 반드시 가보길 권하고 싶다. 단기간에 여러 곳을 즐기고 맛보기 좋은 지점이기도 하다. 바로 앞쪽엔 강구안 거북선이 있어 직접 탑승도 가능하고, 통영 해안로에 줄지어 선 꿀빵 거리도 시장 부근에 있다. 중앙시장 뒤편으로 올라가면 동피랑 마을도 쉽게 찾아갈 수 있다.

INFO

통영중앙시장
🏠 경상남도 통영시 중앙시장1길 14-16 (중앙동 38-4) ★ 055-649-5225

서호전통시장
🏠 경상남도 통영시 새터길 42-7 (서호동 177-417) ★ 055-645-3024

문화마당 강구안거북선
🏠 경상남도 통영시 중앙동 236 관광안내소 ★ 055-650-4532

통영 Place2

통영 앞바다 다도해의 보석

욕지도

1970년대 화제작 '화려한 외출' 촬영지 욕지도. 이곳에서 맞는 아침은 참 화려하다. 바다가 차츰 밝아오며 수평선 위로 해를 품어 붉어진 하늘은 보는 이들에게 찬란한 감동을 선사한다. 통영시 욕지면 남서쪽에 위치한 욕지도는 천황산, 메밀잣밤나무숲, 출렁다리, 새에덴동산 등 예상 외로 볼거리가 널려 있는 섬이다. 해안도로를 달리다 보면 어느새 차를 멈추고 풍경에 심취한 자신을 발견할 수 있다. 특히 영화 '화려한 외출' 주요 촬영지로 유명한 삼여전망대는 여행자들 사이에서 손꼽히는 뷰를 자랑한다. 욕지항 여객터미널을 통해 다른 지역으로 가거나 들어올 수 있다. 홈페이지에서 미리 배편을 예약한 후 이용하면 된다.

INFO
삼여전망대

🏠 경상남도 통영시 욕지면 서산리
⭐ (해양관광과 관광안내소) 055-650-0580, 055-650-2570
⚙ (삼덕항 욕지연화여객선) www.tongyeongferry.com

1 욕지도에서 바라본 일몰. 감탄이 절로 나오는 풍경이다.
2 낚시와 캠핑의 천국 욕지도
3 크지 않은 섬이지만 아기자기한 멋이 있다.

| 통영 Eat & Drink 1 |

전통의 맛
오미사꿀빵

통영에서 가장 유명한 꿀빵이다. 1963년부터 간판도 없이 영업을 시작했다가 옆집 세탁소의 이름 '오미사'를 따서 오미사 꿀빵이라 불리기 시작했다. 이 꿀빵 가게는 이제 기업이 됐다. 곳곳에 지점들도 들어섰다. 요즘 사람 입맛으로는 크게 맛나다는 느낌을 받지는 않는다. 옛 정취를 느껴보자는 생각으로 맛보는 것이 좋다.

INFO
- 경상남도 통영시 도남로 110 (봉평동 124-7)
- 055-646-3230
- omisa.co.kr
- 08:00~19:00
- 오미사꿀빵(10개) 8천 원

통영 Accommodation 1

럭셔리 요트체험이 '매력'
느티나무 펜션

느티나무 펜션은 통영의 욕지도에 위치한 아담한 펜션이다. 원목으로 지어진 목조건물로, 내부 역시 친환경적인 원목으로 꾸며져 피부가 예민한 사람이나 반려견에게 좋은 숙소가 될 수 있다. 이곳은 유동 몽돌해수욕장이 바로 앞에 위치해 있어(도보로 1분 거리) 해수욕을 즐기거나 해안가를 따라 산책하기 좋다. 이곳에서는 요트체험이 가능한 요트방도 따로 운영하는데, 바닥이 검지 않은 신발, 선크림, 선글라스와 시원한 음료만 챙겨오면 통영의 푸른 바다를 가로지르며 시원한 바닷바람을 맞는 요트체험을 할 수 있다.

INFO
- 경상남도 통영시 욕지면 욕지일주로 1148-78 (서산리 216-18)
- 010-5377-5721　느티나무펜션.kr
- 소형견만 동반 가능(대형견은 실외에서 재우는 조건)
  1마리당 1만 원 부과(소형견은 2마리부터)
  3박 이상 시 요트체험 무료

거제 Place1

이곳에 서면 누구나 드라마 주인공
바람의 언덕

거제시의 관광명소 바람의 언덕도 거제를 찾아왔다면 한 번쯤 들를 만하다. 도장포 마을의 북쪽에 자리 잡은 이곳은 TV드라마 '이브의 화원', '회전목마', 그리고 KBS의 인기 예능프로 '1박2일'이 촬영되면서 한때 네티즌이 뽑은 '가고 싶은 여행지' 1위에 오르기도 했다. 계단을 올라 언덕 정상에 다다르면 앞으론 남해의 풍경이, 뒤로는 커다란 풍차가 마치 한 폭의 그림처럼 아름다운 운치를 뽐낸다. 다만 탁 트인 전망 덕분에 그늘이 없어, 무더운 여름철에는 내리쬐는 햇빛을 바닷바람으로도 이길 수 없다. 물과 선글라스는 필수 아이템. 선글라스 없이는 인생샷을 건지기 어려울지도 모른다.

INFO
🏠 경상남도 거제시 남부면 갈곶리 산14-47 도장포마을
★ (해양관광국 관광과) 055-639-4165

거제 Place2

아픈 기억의 장소가 공원으로
거제포로수용소유적공원 & 평화파크

의미 있는 역사 여행도 괜찮다면 거제포로수용소를 권한다. 1950년 6월25일 새벽 4시 한반도에서 벌어진 전쟁의 흔적이 남아 있는 곳이다. 인천상륙작전의 성공으로 포로가 급증하자 고립된 섬 지역으로 포로를 이동시키자는 방안이 제기됐고, 결국 거제포로수용소가 설치됐다고 한다. 휴전협정 이후 폐쇄된 거제수용소의 잔존 건물과 당시 포로들의 생활상을 담은 사진 등 생생한 자료들을 바탕으로 유적공원으로 재탄생했다. 거제포로수용소는 가슴 아픈 기억을 되돌아볼 수 있는 역사적 장소일 뿐 아니라, VR체험관, 짚라인 등 액티비티도 가능한 평화공원이기도 하다. 최근 거제포로수용소유적공원과 계룡산 정상을 잇는 왕복 3.54km 길이의 거제관광모노레일도 개설돼, 역사 탐방 후 에코투어까지 가능해졌다.

INFO
🏠 경상남도 거제시 계룡로 61 (고현동 362) ★ 055-639-0625 ⚙ pow.or.kr
🕐 3월~10월 09:00~18:00, 11월~2월 09:00~17:00 (추석·설날 당일, 4·5·7·8월을 제외한 매월 네 번째 월요일 휴관)
👤 성인 7천 원, 청소년 및 군인 5천 원, 어린이 3천 원 (모노레일 탑승료 별도)

거제 Accommodation1

거제 애견여행의 메카

산타모니카 펜션

　남해의 눈부신 아침 햇살에 일렁이는 한려바다, 그 위에 떠 있는 작은 섬들이 옹기종기 내려다보이는 미륵산 언덕에 있는 아름다운 펜션으로 거제도 여행의 메카로 떠오르는 숙박 장소다. 특히 최근 펜션에서 12km 거리에 모노레일이 개장해 인기를 끌고 있으며, 거제 각 지역의 여행지 할인권도 제공해주고 있어 여행에 편리하다. 남해를 내려다볼 수 있는 수영장에서는 즐거운 수영이 가능하다. 큰 수영장 옆에 딸린 작은 수영장에서는 애견도 수영이 가능하다. 객실 안에는 천연 암반 지하수를 이용한 식수가 공급되고, 객실마다 개별 테라스가 있어 바비큐를 즐길 수 있다. 6분 거리에는 생연어회와 광어회 등을 먹을 수 있는 식당도 있다. 이 펜션의 가장 큰 장점은 펜션 길 건너에 굴요리 집이 있다는 점이다. 펜션에 잠시 강아지를 두고 다녀오면 되니, 애견 전용 식당만큼 편리하다.

INFO
- 경상남도 거제시 거제면 거제남서로 3960 (소랑리 7)
- 010-6888-6646   santamonica.co.kr
- 반려견 1마리당 1만 원 부과

함양 Place1

대한민국 명품숲의 원조
천 년의 숲 상림공원

'천 년의 숲 상림공원'은 함양군을 대표하는 곳이다. 최치원이 이곳의 태수로 있으면서 조성했다는 상림은 우리나라에서 가장 오래된 인공림의 하나이기도 하다. 당시에는 지금의 위천수가 함양읍 중앙을 흐르고 있어 홍수의 피해가 심하였는데, 최치원 선생이 강변에 둑을 쌓아 강물을 지금의 위치로 돌리고, 그 둑을 따라 나무를 심어 홍수를 막을 수 있었다고 한다. 그 숲의 일부가 지금까지 이어진 곳이 바로 상림이다. 상림의 아름다움은 사시사철 맛볼 수 있다. 봄에는 신록이, 여름에는 녹음이 우거지며, 가을 단풍과 겨울의 설경도 빼놓을 수 없다. 특히 여름철 숲속 그늘에 돗자리 펴고 누우면 도심 속 신선이 따로 없다. 가을에는 지리산 가는 길의 마천면 은행나무길도 놓치지 말자.

INFO
🏠 (상림공원주차장) 경상남도 함양군
　　함양읍 필봉산길 49 (교산리 1069-4)
★ 055-960-5756　⚙ hygn.go.kr/01236/01253/01481.web

함양 Place2

CNN이 선정한 명소
마천 다랭이논

경남 함양군 마천면의 다랭이논(다락논)은 또 다른 비경을 선사한다. 다랭이논은 산골짜기의 비탈진 곳에 계단식으로 일군 논을 말한다. 고된 노동의 현장이기는 하지만 조형적 아름다움이 있어 여행자들의 눈길을 사로잡는다. 봄철에는 물이 그득 담긴 논에 파릇파릇한 모가 층층이 심겨진 모습이 이국적인 매력을 뽐내고, 겨울이면 눈으로 덮여 아름다운 설경을 보여준다. 미국 CNN이 선정한 한국 관광명소 가운데 지리산 천왕봉과 함양 다락논이 꼽히기도 했다. 한편 마천골 지역은 옛날부터 닥종이로 유명했는데, 아직도 옛날 방식대로 닥종이를 뜨는 집이 있다. 주민들이 겨울에 소일거리로 닥나무 껍질을 벗겨 나뭇단을 내놓는데, 이 광경이 색다른 아름다움을 선사한다. 마을 동구 밖에는 수백 년 된 당산 나무를 만날 수 있다. 마을을 지키는 나무다.

INFO
🏠 경상남도 함양군 마천면 군자리

함양 Place 3

지리산 자락의 조용한 한옥망르
지곡 개평한옥마을

　지리산 양지바른 자락에 한옥 60여 채가 들어서 있는 전통마을이다. 개평이라는 지명은 두 개울이 하나로 합쳐지는 지점에 자리를 잡고 있어 얻은 이름이다. 한자 '낄 개(介)' 모양을 하고 있다는 것이 그 유래다. 함양의 대표적인 선비마을로, 아름다운 한옥이 잘 보존돼 있어 사진 애호가들의 출사지로도 유명하다. 최근 TV조선 '시골빵집' 촬영지로 알려지면서 대중적인 인기를 얻고 있다. '생생문화재 사업'의 하나로 '개평한옥마을 꼬신내 풍기는 날' 축제도 열린다.

INFO
🏠 경상남도 함양군 지곡면 개평길 59 (개평리 230-3)　★　055-963-9645

함양 Place4

조용하고 아름다운 길
함양 지리산자락길

지리산둘레길과 별도로 개발된 곳이다. 고불사, 다랭이논, 대나무숲길, 돌탑방로, 두충나무길, 마애여래입상 등 함양군의 주요 요소들을 모두 감상하면서 걸을 수 있다. 19.7km의 순환형 도보길로, 전체를 걸으면 8시간 정도 소요된다.

INFO
🏠 (지리산둘레길 함양안내센터)
　　마천면 금계길 5 (의탄리 870번지)
★ 055-964-8200
⚙ dulle.hygn.go.kr

함양 Accommodation1

지리산 자락의 자그마하진나 유명한 펜션
산지골 펜션

주인 부부가 시골 살면서 쓴 귀농 귀촌 일기가 책으로 나오며 명성을 얻은 곳이다. 주인 부부는 "책을 내려고 썼다기보단 마음 가는 대로 쓴 글이지만, 주위에서 재밌다고 격려해주어 책을 내게 됐다"고 한다. 강아지들도 TV에 출연했을 만큼 알음알음 알려진 곳이다. 작은 폭포수를 가진 멋진 오봉 계곡이 승용차로 7분 거리에 있어 여름철 물놀이에도 그만이다. 펜션 주위에는 구불구불한 산책로가 있어 생각에 잠기기에도 좋다. 나무로 만든 그네에 앉아 미풍에 책이라도 읽다 보면 마음이 정리되는 느낌을 받는다. 전망이 탁 트인 테이블에는 주인이 직접 기른 채소도 가끔 올라온다. 일류 레스토랑이나 산장 부럽지 않은 멋진 낭만을 완성할 수 있다. 2층으로 구성된 독립채 2곳에는 총 4개의 온돌방이 있다. 안정감이 있는 1층이나 전망 좋은 2층 가운데 자유롭게 선택할 수 있다.

INFO
- 경상남도 함양군 휴천면 운서길 119-12 (운서리 332-2)
- 055-963-8801, 010-5473-6226 sanjigol.com
- 소·중형견 동반 가능, 객실당 3마리까지, 반려견 입장 무료

산청 Place1

지리산을 품은 고장
산청 9경

    산청에 왔다면 산청9경을 중심으로 둘러보자. 제1경은 바로 지리산 천왕봉이다. 누구나 한 번쯤은 종주를 꿈꾸는 지리산은 경상남도 산청군, 하동군, 함양군과 전라도 남원시와 구례군에 걸쳐 있는 대한민국 국립공원 제1호이자, 한라산에 이어 두 번째로 높은 산이기도 하다. 어리석은 사람이 머물면 지혜로운 사람으로 거듭난다 해서 '지리산(智異山)'이라 불리는데, 두류산 또는 방장산이라고도 한다.

    제2경 대원사 계곡은 지리산 등산로의 초입에 위치해 있는데, 우리나라의 대표적인 비구니 참선도량인 대원사를 끼고 있다. 이곳은 여름철 물놀이 천국이다. 시리도록 맑은 계곡물, 기암괴석을 감도는 옥류소리, 울창한 금강 소나무의 바람소리, 산새들이 우짖는 대자연의 합창을 사시사철 느낄 수 있으며, 가을에는 주위 경치와 어우러진 단풍 또한 빼어난 곳이다.

    지리산은 1,000여 종의 약초가 자생하는 한방약초의 보고이기도 하다. 그런 의미에서 제 9경 동의보감촌이 들어섰다. 그밖에 제3경 황매산 철쭉, 제4경 구형왕릉, 제5경 경호강 비경, 제6경 남사예담촌, 제7경 남명조식유적지, 제8경 정취암 조망도 놓치기 아까운 곳들이다. 모든 곳이 아름답지만 특히 경호강 주변을 적극 추천한다.

1 동의보감촌 내 허브 동산에 가을꽃이 허브와 어우러져 있다.
2 동의보감촌 내 물레방아

INFO

+ 지리산은 4개도에 걸쳐 있는 큰 산이지만 가장 높은 곳의 주소가 산청군 시천면 중산리 산 208번지다.

산청 Accommodation1

레프팅과 카약까지 즐길 수 있는
지리산 펜션

수려한 산세를 자랑하는 지리산 자락에 위치한 펜션이다. 한눈에 들어오는 천왕봉과 하늘을 떠받치는 형상의 기암절벽, 그리고 펜션 앞의 맑은 계곡은 이곳에서 머무는 사람들 모두 자연 속에 있는 기분을 느끼게 해준다. 펜션 인근의 계곡은 여름철이면 물놀이를 즐기기에도 적합하다. 반려견이 뛰어놀기에 충분히 넓은 정원부터 노래방과 숯불 바비큐장, 야외세미나실, 식당, 족구장, 야외테라스, 유아수영장까지. 부대시설 역시 다양하게 갖춰져 있다. 게다가 숙소 이용객이면 무료로 이용 가능한 전통 찻집까지 있다. 30분 거리에는 경호강 래프팅, 서바이벌 등 각종 레포츠 시설들이 위치해 있어서 다양한 체험도 가능하다.

INFO
- 경상남도 산청군 시천면 지리산대로 946 (동당리 666-3)
- 010-8678-1887 jrsps.com 입실 14:00~입실 11:00
- 반려견 마릿수, 종류 제한 없음. 1마리당 1만 원 부과
  성수기에는 동반 불가

남해 추천 맛집

멸치쌈밥 맛집

남해군 우리식당

　남해에는 멸치쌈밥이라는 음식이 있다. 우리식당은 죽방멸치를 맛볼 수 있는 식당으로, 죽방렴으로 멸치를 잡는 방식을 죽방멸치라 한다. 전 세계적으로 유일하게 우리나라 남해안에만 설치돼 있다. 근처에 있는 죽방렴으로 잡은 멸치는 맛이 가장 좋은 것으로 유명하다. 바로 그 앞에 위치한 음식점이니 얼마나 싱싱하겠는가?

INFO
🏠 경상남도 남해군 삼동면 동부대로1876번길 7
⭐ 055-867-0074　🕐 07:00~22:00
📄 갈치찌개, 갈치구이, 갈치회무침, 멸치쌈밥 등

아침식사 가능한 곳
미미식당

아침식사가 가능한 남해 맛집이다. 멸치쌈밥 등 다양한 남해 메뉴가 있다. 언제 먹어도 맛 좋은 푸짐한 먹거리를 내놓는다. 메인 메뉴를 제외하더라도 기본 반찬 역시 신선한 해산물과 갓 손질한 채소 등으로 정갈한 맛을 낸다.

INFO
- 경상남도 남해군 미조면 미조로 234
- 미조게임랜드
- 055-867-6797　06:30~21:00

남해 Accommodation1

명품 5성급 애견 동반 호텔
남해 아난티

아난티 남해(구 힐튼 남해)는 반려동물과 함께하는 여행자들을 위해 '펫 프렌들리 서비스(Pet Friendly Service)'를 운영하고 있다. 아름다운 자연환경 속에서 반려견과 함께 휴가를 보내고자 하는 이들에게 호응도가 높은 서비스로, 가족 같은 반려견과 객실에서 함께 머물 수 있다. 특정 타입의 객실에서만 가능한 것이 아니라 '그랜드 빌라', '디럭스 플러스 스위트', '디럭스 스위트', '스튜디오 스위트' 등 고객이 원하는 객실을 선택하여 이용할 수 있다. 사전 예약제로 진행되기 때문에 객실 예약과 동시에 해당 서비스도 함께 신청해야 한다. 펫 프렌들리 서비스를 신청하면 반려견 배변 매트와 시트, 배변 처리용 봉투, 전용 쿠션 등을 제공한다. 특히 아난티 남해에는 바다 풍경을 즐길 수 있는 산책로가 마련되어 있어 반려견과 여유로운 산책을 즐길 수 있다.

한 번쯤 반려견과 럭셔리한 숙박을 꿈꾼다면 남해 아난티를 추천한다.

INFO

- 경상남도 남해군 남면 남서대로 1179번길 40-109 (덕월리 산 35-5)
- 055-860-0100, 예약 055-860-0555   theananti.com/kr/ananti_namhae
- 입실 15:00~퇴실 11:00
- 객실당 최대 2마리(15kg 이하)까지 가능, 1박당 5만 원(부가세 포함)의 서비스 비용 추가
  배변 매트와 시트, 배변 처리용 봉투, 전용 쿠션 제공
  사전 예약제 (사전 고지 없이 반려견 동반 시 딥 클리닝 비용 추가 또는 퇴실 조치)

봉화 Eat & Drink1

이름없는 국수집

국수

양원라벤더 인근 광비정류소에서 울진 방면으로 5분 정도 달리다 보면 간판도 없는 식당이 나온다. 단지 '국수'라는 두 글자만 보인다. 30년 가까이 이곳에서 국수를 팔아온 집인데, 놋그릇에 담겨 나오는 온면이 맛깔스럽다. 가정집을 개조해 만든 식당 인테리어도 특이하다. 전화번호도 없다.

INFO
🏠 경상북도 봉화군 소천면 분천리 27-3

아무 간판이 없는 국숫집

봉화 Eat & Drink2

빵순이 빵돌이 견주들 집합!

브레드유

호랑이가 산속을 마음껏 뛰어놀 수 있도록 조성한 백두대간 수목원이 있는 봉화 춘양에 있는 작은 빵집이다. 원래 귀촌한 노부부가 운영하는 곳이었지만 두 딸을 둔 어머니가 최근 이어받아 빵집을 운영하고 있다.

봉화에서 울진으로 가는 36번 도로 초입에 있어 이 지역을 지나치는 여행자라면 쉽게 방문할 수 있는 자리다. 백두대간 협곡열차를 탈 수 있는 분천과 20분 거리며, 양원역과는 30분 거리다. 주차공간도 넉넉해 차를 여러 대 댈 수 있다. 춘양 읍내로 들어가는 초입에 '농민직판장' 건물에 있다.

빵집 실내는 강아지를 데리고 들어가는 것이 금지돼 있으므로, 꼭 바깥 테라스를 이용하는 것이 좋다.

INFO
🏠 경상북도 봉화군 춘양면 소천로 15 1층(소로리 633-15)
★ 070-8878-5330
🕐 매일 10:00~20:00

고령 Accommodation1

애견에 대한 마인드가 확실한 캠핑장
트리독스애견전용 캠핑장

강아지 6마리의 주인이며, 누구보다 강아지를 사랑하는 젊은 부부가 경북 고령의 한 시골에 터를 잡고 강아지 캠핑장을 열었다. 강아지를 데리고 마음껏 놀 수 있는 공간을 본인 스스로 만들고자 했던 것이 그 동기가 됐다. 강아지와 방해받지 않고, 남을 방해하지 않을 수 있는 캠핑을 원한다면 바로 이곳이다. 대도시와 거리가 있음에도 불구하고 많은 애견 캠퍼들로부터 사랑을 받고 있는 곳이다. 칭찬이 자자해 타지역에서 찾아올 정도다.

트리독스는 반려견 없이는 입장 금지다. 그만큼 강아지에 대한 복지를 최고로 생각하는 곳이다. 다른 곳보다 시설은 훌륭하진 않지만 3만 평 부지에서 사이트는 최소한으로 줄이고 반려견들이 마음껏 뛰어놀수 있도록 애견 운동장 및 산길 산책로를 만들었다. 개별 사이트마다 펜스를 쳐 놓은 곳도 있어 반려견이 다른 곳으로 가거나 다른 불청객 강아지의 방문을 받지 않는다. 그만큼 프라이버시가 철저히 보호받는 곳이며, 견주도 편안하게 캠핑을 즐길 수 있다. 간혹 목줄 없이 자유롭다는 말을 오해하는 경우가 있다. 강아지의 자유는 견주의 책임 하에 있다는 사실을 잊지 말자. 주인장은 '애견캠핑은 반려견들이 스트레스 없이 질서 있게 즐기는 것이 최우선'이라고 주저없이 말한다.

캠핑의 고수, 올리버와 사일로

INFO

🏠 경상북도 고령군 쌍림면 용당길 42-56 (합가리 585-2)

⭐ 010-8835-4416　🕐 24시간　⚙ cafe.naver.com/treedogs

👤 비수기 : 공용사이트 4만 원, 단독사이트 6만 원
　성수기 : 공용사이트 6만 원, 단독사이트 8만 원

1 여유롭고 한가한 고령 트리독스의 전경
2 펜스가 있어 반려견들의 자유로운 산책이 가능하다.
3 봄이면 벚꽃이 지천에 흩날린다.

고령

PART 5 전라도

정확히 1천 년 전인 고려 현종 9년(1018년) 전주 일원 강남도와 나주 일원 해양도가 합쳐지면서 전주와 나주 첫 글자를 따 전라도(全羅道)라 부르기 시작했다. 그 긴 시간 동안 나주와 전주에는 굵직한 관청이 들어서고 대궐 같은 기와집이 마을을 이루었다. 드넓은 호남평야와 바다에서 나는 산해진미들로, 호남지방은 예로부터 미식의 중심이 되어왔다.

전주 Place1

반려견과 한옥 골목을 누비다
한옥마을

전주에 왔으면 한옥마을을 놓칠 수 없다. 오목대는 경기전 동남쪽에 위치한 작은 언덕으로 한옥마을에서 가장 높은 위치에 있다. 태조 이성계가 남원 황산에서 왜구를 물리치고 돌아가던 중 승전 잔치를 벌였던 곳으로 유명하다. 오목대에서 서서 바라보면 가지런히 늘어선 한옥 지붕들은 물론, 경기전을 지나 대각선 맞은편 전동성당까지 한눈에 들어온다. 매해 정월 대보름 즈음엔 경기전 앞에서 직접 만든 오곡 한과도 맛볼 수 있다.

INFO
- 전라북도 전주시 완산구 기린대로 99 (남노송동 100-1)
- 063-282-1330
- (전주시 관광안내) tour.jeonju.go.kr

1, 2 고즈넉한 한옥마을의 전경
3 이성계가 조선을 개국한 뒤 지은 정자 오목대

전주 Place2

젊은 감각이 신선한
청년몰

대부분의 시장에서는 젊은 사람들을 보기 힘든데, 전주남부시장에는 청년들이 들어와 가게를 냈다. 카페부터 공방, 식당까지 20여 곳이 넘는 청년들의 가게가 전통 상인들과 어울려 시장에 활기를 더한다. 식사를 구입한 뒤 테라스로 이동하면 반려견을 데리고 식사할 수 있다. 매주 금·토 오후 7시부터 자정까지 야시장도 열린다.

청년몰의 대표 슬로건 '적당히 벌고 아주 잘 살자'

INFO
🏠 전라북도 전주시 완산구 풍남문2길 53 (남부시장 6동 2층)
★ 063-287-6301

전주 Eat & Drink1

40년 전통의 칼국수집
베테랑분식

진하고 고소한 국물이 어우러진 베테랑 칼국수

경기전 맞은편 쪽에 위치한 베테랑분식은 칼국수 맛집으로 유명한 곳이다. 칼국수뿐만 아니라 만두도 맛있다. 화장실 가는 쪽에 반려견 동반 가능한 자리가 단 한 곳 있다. 평일은 차가 들어갈 수 있지만 주말은 한옥마을 자체가 차량 출입이 불가능하다.

INFO
- 전라북도 전주시 완산구 경기전길 135 (교동 85-1)
- 063-285-9898
- 09:00~21:00 (명절 휴무)
- 칼국수, 만두 등

전주 Accommodation 1

한옥마을 인근의 애견동반 한옥펜션
벼리채 펜션

벼리채는 전주한옥마을 인근에 위치한 반려견 동반 가능 한옥 펜션이다. 120평의 넓은 대지에 본채와 별채, 사랑채로 이뤄진 총 6개의 객실이 있다. 야생화와 소나무로 꾸며진 고즈넉한 한옥 마당에서 반려견과 함께 휴식다운 휴식을 취할 수 있다. 숙박비 역시 저렴한 편이라 전주 여행 시에 한옥에서 머물고 싶은 분들께 꼭 추천하고 싶은 숙소이다. 개성 있는 작가들의 작업실과 갤러리가 모여 있는 서학동 예술인마을에 위치해 있어 동네를 둘러보는 재미도 쏠쏠하다.

INFO
🏠 전라북도 전주시 완산구 서학3길 67 (서서학동 1-1) ★ 010-7358-0036
⚙ byuriche.modoo.at 🐾 1마리당 1만 원 부과

| 순천 | Place 1 |

순천은 도시자체가 정원
순천만 자연생태공원

아름답게 조성된 거대한 국가정원을 비롯해 세계 5대 연안습지를 품은 순천만 습지 등 순천은 도시 자체가 하나의 거대한 자연이다. 거창한 DSLR 카메라가 아니라도 누구나 작가 부럽지 않은 사진을 찍을 수 있는 곳이다. 순천을 가로지르는 동천을 가운데 두고 두 곳으로 나누어져 있는 국가정원은 멋진 풍차가 있는 네덜란드 정원을 비롯해 이탈리아 정원, 독일 정원 등 세계 각국의 정원들이 펼쳐져 있다. 형형색색의 꽃들이 장식된 곳을 돌아다니다 보면 어느새 카메라 메모리가 꽉 차 있는 걸 발견할 것이다.

순천만습지는 멋진 석양 사진을 찍을 수 있는 곳이다. 거대한 갈대밭 사이로 멋지게 난 데크로드를 따라 걷다 보면 마음이 어느새 풀어져 있다. 용궁전망대까지는 거리가 멀다. 그러나 걷기 시작한다면 그 노력은 반드시 보답을 받는다. 어느새 떨어지는 해 아래 'S자'를 그리는 수로가 펼쳐진다. 달력 사진에서 보았을 법한 절경이다. 해가 넘어가는 순간 궤적을 그리며 물 위를 미끄러지는 배가 있다면 기막힌 셔터 찬스를 잡은 것이다.

1 아름다운 일몰을 감상할 수 있는 순천만습지
2 국가정원 지천에 흐드러지게 핀 꽃들이 눈길을 사로잡는다.

INFO
순천만습지

- 전라남도 순천시 순천만길 513-25 (대대동 162-2)
- 061-749-6052 suncheonbay.go.kr
- 성인 8천 원, 청소년·군인 6천 원 어린이 4천 원
- 반려견 입장 불가

INFO
순천만국가정원

- 주소 전라남도 순천시 국가정원1호길 47 (오천동 600)
- 1577-2013 garden.sc.go.kr
- 성인 8천 원, 청소년·군인 6천 원 어린이 4천 원
- 특정기간에는 동반 가능

여수 Place1

여수 밤바다는 강아지도 좋아해요
오동도

동백이 유명한 오동도는 여수 여행의 핵심이다. 겨울철 핀다 해서 이름을 얻은 동백(冬柏) 외에 봄에 피는 춘백(春柏), 가을에 피는 추백(秋柏)도 있다. 오동도는 한참을 걸어 들어가야 하는데, 엑스포역 앞에서 이층버스를 타면 앞이 훤히 트인 시원한 조망과 함께 편히 앉아서 갈 수 있다. 주말에는 '낭만 버스커 여수 밤바다' 공연도 열린다. 혼자 여수 밤바다에 온 사람이라면 돌산대교 맞은편의 해상케이블카는 피하자. 연인들이 분위기를 내는 곳이니 말이다.

INFO
🏠 전라남도 여수시 오동도로 222 (수정동 산1-11)
☎ 061-659-1819
🌐 tour.yeosu.go.kr/tour/travel/10tour/odongdo

여수 추천 여행지

천연기념물 홍매화를 만날 수 있는
선암사

전라남도 순천시 조계산 동쪽의 절 선암사는 매년 봄 매화꽃이 언제 피는지가 큰 흥미의 대상이 되곤 한다. 왜냐하면 이곳의 매화는 600년 묵은 천연기념물이기 때문이다. 이렇게 오래된 매화도 매년 꽃을 피운다. 무량수각 앞 처진 벚나무가 활짝 핀 모습도 장관이다.

INFO
선암사
🏠 전라남도 순천시 승주읍 선암사길 450 (죽학리 802)
⭐ 061-754-9117   ⚙ seonamsa.net

숨은 벚꽃길이 매력적인
송광사

선암사 맞은편에는 또 다른 고찰이 있다. 바로 승보사찰로 유명한 송광사다. 관광객들에게는 사실 벚꽃길로 더 유명하다. 송광사 앞 벚꽃길은 다른 곳과 구분되는 풍성함이 있다. 카메라만 갖다 대도 화사한 벚꽃길이 장관을 이룬 장면을 촬영할 수 있다.

INFO
송광사
🏠 전라남도 순천시 송광면 송광사안길 100
⭐ 061-755-5308   ⚙ www.songgwangsa.org

여수 추천 맛집

남도 최고의 꽃게장

소선우

여수 꽃게장 전문점 소선우는 특허받은 방풍을 넣은 꽃게장을 내놓는다.

남해의 청정지역에서 당일 잡아온 아주 싱싱한 게로 만든다고 한다. 방풍나물 효소를 사용한 게장 국물이 깔끔하고 신선한 맛을 낸다. 여수 꽃게장이 나오는 여수 특산품 정식, 꽃게탕, 소선우 방풍 꽃게장 정식, 소선우 스페셜 꽃게 회정식 등 다양한 메뉴가 있다.

INFO
- 전라남도 여수시 봉산1로 33
- 061-642-9254

여수 Accommodation1

단체로 즐기기 알맞은

구름속으로 펜션

구름속으로 펜션은 단 하나의 독채로 이루어진 펜션으로, 펜션 전체를 대여해주는 별장형 독채이다. 때문에 프라이버시가 보장된 휴식이 가능하다. 건물 50평, 거실 21평, 방 3개, 화장실 2개, 그리고 잔디밭 150평까지. 넓은 부지를 예약한 한 팀만 사용할 수 있어, 전체적으로 쾌적하고 편안한 환경을 보장해준다. 반려견 역시 넓은 잔디마당에서 마음껏 뛰어놀 수 있다. 가족모임을 하거나 칠순잔치, 돌잔치, 워크숍, 스몰웨딩 등에도 다양하게 이용할 수 있다.

INFO
- 전라남도 여수시 화양면 화양로 1328-23 (나진리 360) ★ 010-9897-1441
- page.yapen.co.kr/26740 반려견 실내 동반 가능, 대형견은 테라스 및 잔디밭에서 관리

여수 Accommodation2

당일치기 여행을 계획한다면

까까오독

숙박을 하지 않고 당일 여행을 계획한다면 이곳을 추천한다. 여수터미널 옆 까까오독에서는 여수를 여행하는 반려견 여행자들을 위해 반려견 당일 호텔링 서비스를 한다. 반려견을 데리고 유명 여행지를 찾기는 힘들다는 데 착안해 이곳 사장님은 당일 서비스 상품을 내놓았다. 문을 열면 사람을 반기는 강아지들로 가득하다. 대부분 여수로 당일 여행을 온 견주들이 맡긴 아이들이다. 애견 카페도 겸하고 있어 잠시 머무르며 사랑스러운 강아지들과 시간을 보낼 수 있다. 입장료는 따로 없는 대신 1인 1주문을 원칙으로 한다. 간단한 식사도 가능하니 참고하자.

이곳에서는 셀프 미용 및 목욕도 가능하다. 리트리버까지 소화할 수 있는 드라이어룸이 있어 보송보송 털을 말리는 마무리 작업까지 한방에 끝낼 수 있다. 반려견을 위한 각종 용품들도 구매할 수 있으니 그야말로 반려견들의 천국이다.

INFO

🏠 전라남도 여수시 오림1길 11-1 2층 (오림동 382-9)
⭐ 061-920-0404 ⚙ cafe.naver.com/love02shop
🕘 09:00~19:00 (월요일 휴무) 📣 당일 1만 원, 애견 숙박 1만5천 원

목포 Place1

한국 사람이라면 꼭 가봐야 할
목포근대역사관

　목포를 처음 찾는 사람은 우선 근대역사관을 둘러보는 것도 좋다. 목포에는 근대역사관이 두 곳 있다. 첫 번째는 옛 목포 일본영사관 건물이고, 일제시대 동양척식주식회사 목포지점 건물도 두 번째 근대역사관으로 꾸며졌다. 특히나 유달산 자락의 야트막한 언덕에 붉은 2층 벽돌로 세워진 옛 일본영사관 건물은 꽤나 우아하다. 일제의 수탈 과정을 잘 알 수 있도록 설명이 잘 돼 있다. 방마다 장식된 샹들리에가 일제시대 얼마나 수탈이 심했는지를 말해준다. 일제가 물러나면서 적들이 놔두고 간 건물이란 뜻으로 쓰이는 '적산가옥'을 카페로 만든 곳도 함께 들러보자. 일본식 기와가 그대로 살아 있고, 내부는 고풍스럽다.

　동양척식주식회사 건물의 가장 핵심은 바로 사람이 들어갈 만한 큰 금고문이다. 육중한 문 뒤의 금고방이 모두 금으로 채워졌다는 설명이 들린다. '아, 일제가 이렇게 수탈을 많이 해서 여기다 쌓아뒀구나.' 고등학교 때 단순히 암기에만 그쳤던 지식들이 이렇게 산지식으로 되살아난다. 절대 잊지 말아야 하는 것들을 일깨우는 곳. 그렇기에 목포는 의미 있는 여행지다.

1 목포근대역사관 1관
2 목포근대역사관 2관

INFO

🏠 (1역사관) 전라남도 목포시 영산로29번길 6 (대의동2가)
　(2역사관) 전라남도 목포시 번화로 18 (중앙동2가 6)

★ (1역사관) 061-242-0340, (2역사관) 061-270-8728　　tour.mokpo.go.kr/tour/attraction/area

🕘 09:00~18:00 (매표 및 입장 마감 17:00) 매주 월요일, 1월1일 휴무

목포 Accommodation 1

파도소리 들으며 쾌적한 숙박을
외달도 한옥민박

목포시가 지은 한옥민박을 개인이 사들여 대박이 난 곳이다. 한지 여닫이문까지 제대로 갖춘 정통한옥으로 시설이 깔끔하다. 한옥민박이지만 말만 잘하면 바로 앞에 텐트도 칠 수 있다. 텐트 대여도 해준다. 기본적으로는 털길이 3cm 이하의 반려동물에 대해서만 동반 가능하며, 반려견 전용 패드와 기저귀를 착용해야 한다는 규정이 있다. 외달도 한옥민박 숙박동은 한옥 3채로 이루어져 있는데, 비파정에는 3개의 작은방(2~4인), 삼학정에는 3개의 큰방(4~8인)이 있고, 목련정은 주로 독채로 쓰인다(10~15인). 그밖에 700평 규모의 정원에 대형그네, 바비큐장, 정자 3동이 있고, 물레방아와 작은 카페가 충분한 쉼터가 된다. 섬 내부가 좁기 때문에 차를 가져갈 필요가 없다

INFO
- 전라남도 목포시 외달도길 28(달동 1298-2) ★ 010-7257-7597
- www.외달도.kr 입실 14:00~퇴실 11:00
- 털길이 3cm 이하의 반려동물만 가능, 반려견 전용 패드와 기저귀 착용
  배를 타고 전화를 하면 선착장에서 픽업

목포 Accommodation2

마음씨 따스한 아주머니가 있는
수다방 게스트하우스

요즘 뜨는 호남 여행지 목포에서도 반려견과 함께 숙박할 수 있는 곳이다. 객실 컨디션에 따라 입실 가능한 룸이 따로 있다. 개인적인 부담이 되지만 개도 1인으로 산정한다. 주인이 직접 강아지도 키우고 있다. 이 집 강아지를 보려고 일부러 오는 사람도 있을 정도. 강아지는 리트리버와 진돗개 교배종이다. 통로가 따로 난 객실이 있어 개를 싫어하는 사람과 동선도 분리돼 있다.

INFO
- 전라남도 목포시 마인계터로40번길 2-14 (죽동 226-17) 061-243-7003
- sudguesthouse.modoo.at 입실 14:00~퇴실 11:00
- 대형견은 입실 불가. 원래 반려견 전문 펜션은 아니어서 불편함은 있을 수 있다.

완도 Place1

걷고 또 걸어도 끝없는 해변
신지명사십리 해수욕장

완도의 신지명사십리 해수욕장은 매년 7월초 개장한다. 이곳을 찾으면 호주의 골드코스트 같다는 생각이 들 만큼 모래밭의 장대함에 놀라게 된다. 해변의 길이가 3.8km나 되기 때문. 물이 빠졌을 때 모래밭은 더 넓어진다. 해수에 포함된 미네랄 등 기능성 성분이 전국에서 가장 풍부해 남해안 최고의 해수욕장으로 꼽힌다. 아름다움도 매우 빼어나다. 명사십리 해수욕장은 국내에서 유일하게 친환경적인 해변에만 부여되는 파일럿 블루 플래그 인증을 획득했다.

INFO

🏠 전라남도 완도군 신지면
 명사십리길 85-105 (신리 797-20)
★ 061-550-6921

완도 Place2

'바다의 왕자' 장보고의 발자취
장도 청해진유적지

완도에서 장보고를 빼놓을 수가 없다. 장좌리 앞바다에 전복을 엎어놓은 듯 둥글넓적한 섬 장도(일명 장군 섬)가 있다. 장도에는 통일신라시대의 유명한 무장 장보고 장군과 그가 이룩한 청해진의 유적지가 있다. 장보고는 이곳에 청해진을 설치하고 해적을 소탕해 한반도의 해상권을 장악했다. 또 신라, 일본, 당나라 3국의 해상교역에서 신라가 주도권을 쥐도록 했다. 당시의 유적으로 장도에 외성과 내성이 있었다고 전해지는데, 현재 유적 성역화 사업이 활발히 진행되고 있다.

INFO
🏠 전라남도 완도군 완도읍 장좌리 809　★　061-550-6930

완도 Place3

푸른섬, 서편제의 가락이 들릴 듯한
청산도

여행 마니아들 사이에 서서히 떠오르는 곳이 바로 청산도다. 전라남도 완도에서 19.2km 떨어진 다도해 최남단 섬 청산도는 완도항에서 뱃길로 50여 분 거리에 있다. 자연경관이 유난히 아름다워 예로부터 청산여수, 또는 신선들이 노닐 정도로 아름답다 해서 선산, 선원이라 부르기도 했다. 푸른 바다, 푸른 산, 구들장 논, 돌담, 해녀 등 느림의 풍경과 섬 고유의 전통문화가 어우러진 청산도는 이제 우리나라를 넘어 세계에서 그 가치를 인정받았다. 1981년 12월 23일 다도해 해상국립공원으로 지정, 2007년 에는 아시아에서 최초로 슬로시티에 선정됐다.

INFO
- 전라남도 완도군 청산면
- 061-550-5114
- (무조건 가보고 싶은섬)
  island.haewoon.co.kr
  완도-청산도 배편
  06:00시~18:00시, 1시간에 1편씩

해마다 4월이면 유채가 바다를 이루는 청산도

완도 Eat & Drink1

완도에서 단 한곳을 고르라면 바로 이곳
바다를 담은 면

파릇파릇한 잔디가 깔려 있는 음식점 앞마당을 거쳐 들어가면 널따란 식당 내부가 나온다. 잔디밭에서 뛰노는 아이들 모습이 보기 좋은 식당이다. 반려견을 동반할 경우 파란 잔디밭을 볼 수 있는 입구 앞 파라솔에서 식사하길 권한다. 바다를 담은 비빔국수, 전복을 담은 크림파스타 등이 호평을 받고 있다. 가장 추천하고 싶은 것은 톳국수 아이스크림. 국수 면발처럼 뽑혀 나온 아이스크림은 입을 대기 무섭게 녹아버린다. 식당 내부에는 미역, 다시마와 해조국수, 톳파스타 등 식당에서 판매하는 음식을 인스턴트화한 제품도 팔고 있어 맛나게 먹었던 제품을 집으로 가져가 다시 해먹을 수 있다.

전복이 통째로 들어간 물회 냉면

INFO

🏠 전라남도 완도군 군외면 초평길 43-1 (신학리 230)
★ 061-555-9988 ⏰ 09:00~18:00 (첫째 주 월요일 휴무, 2월은 매주 월요일 휴무)
📝 바다를 담은 장터국수, 전복을 담은 크림파스타, 톳국수아이스크림(cone) 등

| 완도 Accommodation1 |

바다가 바로 눈앞에
수목원 펜션

완도수목원 펜션은 산으로 둘러싸여 있어 맑은 공기를 자랑할 뿐만 아니라, 앞에 호수를 두고 있어 아름다운 경치 역시 즐길 수 있다. 특히 선착순 무료인 자전거 대여를 통해 호숫가를 돌고 오거나, 호숫가 앞에 설치된 테이블에서 바비큐를 즐기고 나면 잊지 못할 추억이 될 것이다. 카페도 운영하고 있어서 맛있는 음료를 쉽게 먹을 수 있다. 객실은 커플룸, 패밀리룸, 독채부터 스파형 카라반까지 다양하게 있다. 전 객실이 호수 전망이어서 객실 내부에서도 아름다운 호수를 즐길 수 있다.

INFO
- 🏠 전라남도 완도군 군외면 초평1길 137 (대문리 5-8)
- ★ 010-6629-9003 ✿ wandopension.com
- 🐾 모든 객실 반려견 동반 가능, 주말·연휴에는 패밀리룸만 반려견 동반 불가
  반려견 입장 무료

완도 Accommodation2

완도 숲의 유럽식 통나무집
하늘정원 펜션

천혜의 자연을 자랑하는 완도군에 위치한 하늘정원 펜션. 정통 유럽식 통나무 건물로 지어진 멋들어진 외관이 인상적이다. 숲이 펜션 주변을 둘러싸 맑은 공기를 자랑하며, 객실 창을 통해 바다를 내려다볼 수 있는 장점도 가지고 있다. 전 객실이 독채 형태로 넓은 부지에 각각의 독채가 즐비하게 늘어서 있다. 객실 내부 역시 넓고 쾌적해 편히 머물다 가기에 좋다. 15평부터 62평까지 크기가 다양해 가족부터 단체까지 여러 단위의 투숙객들에게 안성맞춤인 숙소다.

INFO
🏠 전라남도 완도군 완도읍 청해진남로 101 (군내리565-5)
☎ 061-55-0400, 010-3602-2332 ⚙ 완도하늘정원펜션.kr
🚩 견종, 마릿수 제한 없음, 반려견 입장 무료

부안 Place1

채석강과 적벽강 길을 따라
변산반도국립공원

　변산반도 일대에 지정된 변산국립공원은 바다와 산이 이상적으로 조화된 곳으로 손꼽힌다. 변산반도는 크게 산악 지형인 내변산과 바다 쪽의 외변산으로 구분된다. 내변산은 고찰인 내소사와 전나무숲, 봉래구곡과 아름다운 직소폭포, 옥녀담, 우금산성과 개암사, 낙조가 장관인 월명암과 낙조대가 명소로 꼽힌다. 변산 제일의 경치를 자랑하는 채석강과 적벽강은 물에 침식된 퇴적암의 층리가 수만 권의 책을 쌓아올린 것 같은 모습을 하고 있다.

변산반도의 부안마실길

INFO
🏠 전라북도 부안군 변산면 방파제길 11 (격포리 282-8)
★ (변산반도국립공원사무소) 063-582-7808　⚙ byeonsan.knps.or.kr

부안 추천 여행지

전나무 숲길을 따라

내소사

혜구 스님이 창건한 절로, 처음에 소래사라 불렸다. 대한불교조계종 제24교구 본사인 선운사의 말사이다. 보물로는 의장과 기법이 매우 독창적인 조선 중기의 대표작 대웅보전이 있는데, 못 하나 쓰지 않고 나무를 깎아 서로 교합하여 만들었다 한다. 법당 내부의 벽면에 그려진 관세음보살상 등의 그림도 일품이다. 피톤치드 가득한 전나무숲을 따라가다 보면, 진홍빛 겹벚꽃이 흐트러지게 피어나 사람들을 반긴다. 입구의 커다란 나무도 인상적이다.

INFO
🏠 전라북도 부안군 진서면 내소사로 243 (석포리 268)
⭐ 063-583-7281 ⚙ naesosa.kr

내소사의 단풍을 보려면 11월 첫째 주를 놓치지 말자.

부안 추천 맛집

백합죽의 본고장
계화회관

한때는 부안에서 최고의 맛집으로 꼽혔던 곳으로 백합죽과 백합구이가 주메뉴다. 곰소항 근처에는 게장과 젓갈 등을 내는 식당이 몰려 있다.

INFO
🏠 전라북도 부안군 행안면 변산로 95 (신기리 211-2) ★ 063-584-3075
🕘 09:00~20:30, 평일 오후 3~5시 브레이크타임, 추석과 설 전날, 당일 휴무

'젓갈정식'이라니 들어나 보았나!
곰소쉼터장

전라도 게장 맛집으로 손꼽히는 곳이다. 숙박업소 아래에 식당이 있어 자칫 그렇고 그런 식당으로 생각하고 스쳐지나가기 쉽다. 그러나 젓갈로 유명한 곰소에 있어 제대로 된 젓갈들을 낸다. 가장 인상적인 것은 9개의 종지에 각기 다른 젓갈을 내오는 젓갈정식이다.

INFO
🏠 전라북도 부안군 진서면 청자로 1086 (진서리 1219-19) ★ 063-584-8007
⚙ gomso8007.kti114.net 🕘 09:00~20:00 📄 젓갈정식, 생선탕 등

부안 추천 맛집

양파김치 추가요!
해변촌

전라북도 부안의 변산반도에 위치한 식당으로 해변촌탈아리궁이라고도 불린다. 이곳은 특히 갑오징어가 맛있기로 유명한 곳이다. 함께 나오는 양파김치도 빼놓을 수 없다. 주말이면 손님이 많지만 기다리는 시간이 아깝지 않다.

INFO
🏠 전라북도 부안군 변산면 마포로 27 (마포리 617-1) ★ 063-581-5740
🕘 09:00~21:00 (연중 무휴) 📄 웰빙해물볶음, 해물 만두전골 등

부안 Accommodation1

해송 아래 텐트 치면 잠이 스르르
고사포해수욕장 캠핑장

전라북도 부안군 변산면 운산리에 있는 해수욕장으로, 2km에 이르는 백사장을 자랑하는 캠핑장이다. 부안에서 가장 큰 규모의 해수욕장이라 자유롭게 반려견을 데리고 캠핑할 수 있다. 방풍을 위해 심어 놓은 약 300m의 넓고 긴 소나무 숲 아래서 캠핑을 하는 것이 가장 편리하다. 여러 가지 편의시설들도 새로 지어져 깨끗하다. 매월 음력 보름이나 그믐쯤에는 사람들이 현대판 모세의 기적이라고 부르는 약 2km의 바닷길이 해수욕장에서 이곳까지 열린다. 이때에는 섬까지 걸어갈 수 있으며, 조개나 낙지, 해삼 등을 잡는 즐거움도 누릴 수 있다. 흔히 변산반도의 산악 쪽을 내변산, 해안 쪽을 외변산으로 구분하는데, 외변산에 속해 있는 해수욕장은 가까운 곳에 산도 끼고 있어 월명암, 개암사, 적벽강, 채석강 등의 볼거리가 많다. 약 3km 거리에 변산해수욕장이 있고 상록해수욕장도 멀지 않다. 만조가 되면 서해안의 다른 해수욕장보다는 수심이 약간 깊은 편이다.

INFO
🏠 전라북도 부안군 변산면 노루목길 28 (운산리 441-7) ★ 063-582-7808
⚙ buan.go.kr/tour/index.buan → 관광명소 → 바다/강/하천 → 고사포해수욕장
🚩 일반 이용자들을 위해 목줄을 반드시 착용해야 한다.

고사포 해수욕장은 짙은 해송그늘이 매력적이다.

부안 Accommodation2

숨겨놓고 싶은 작은 해수욕장 캠핑지
모항해수욕장 캠핑장

바다를 낀 변산반도 국립공원 해안도로에 들어서 변산과 격포를 거쳐 곰소로 가다 보면 작은 해변을 만난다. 이곳이 모항해수욕장이다. 내변산과 외변산이 마주치는 곳의 바닷가에 자연 조성된 자그마한 해수욕장이다. 규모는 작지만 아담한 백사장과 울창한 소나무 밭이 아름다워 많은 사람들의 사랑을 받는 곳이다.

변산반도 일대에서 가장 한적한 해수욕장으로도 손꼽힌다. 2000년 12월에 관광지로 조성되었고, 가족호텔, 가족휴양촌 등 각종 숙박시설과 해변카페, 유원지, 야영장, 낚시터, 문화·운동·오락시설지구를 갖춘 종합휴양지가 됐다. 수세식 화장실 등 시설이 편리하다.

INFO
🏠 전북 부안군 변산면 도청리 203-1
⭐ 063-580-4739 🕐 24시간 👤 무료
🚩 바닷가에서 자유롭게 뛰어놀 수 있으나,
일반 이용자들에 불편을 끼치지 않기 위해서는 목줄을 하는 것이 좋다.

모항해수욕장 캠핑장을 찾은 반려견 올리버와 샤일로가 어린아이들과 즐거운 한때를 보내고 있다.

부안 Accommodation3

조용한 바닷가의 별장
모항비치 펜션

바다가 보이는 위치에 자리한 전북 부안의 모항비치 펜션. 이곳은 전 객실에서 바다를 바라볼 수 있는 최상의 조망을 자랑한다. 특히 야외에 설치된 바비큐장에서 푸른 바다를 바라보며 즐기는 바비큐는 최고의 경험이다. 부대시설 및 서비스 역시 훌륭하다. 동절기 및 우천 시에도 바비큐를 즐기기 위해 쾌적한 실내 바비큐장도 마련되어 있다. 아침 조식 서비스(유료, 사전 예약 필요)는 한식과 양식으로 입맛에 맞게 선택할 수 있으며, 위급 상황에 대비한 상비약부터 즐거운 시간을 보내기 위한 보드게임까지 다양하게 비치되어 있다. 자전거를 무료로 대여해주기 때문에 바닷가와 펜션 주변을 구경하러 다녀올 수도 있다.

INFO
🏠 전라북도 부안군 변산로 3554-5 (도청리 204-13)
⭐ 063-583-5345, 010-7631-5545 ⚙ mohangbeach.com
🚩 10kg 미만 반려견 동반 가능, 객실당 1마리까지, 객실료 외 별도 1만 원 현장 결제 (객실료 외 별도) 일부 객실만 동반 가능, 고양이 입실 불가

임실 Place1

치즈냄새 그윽한 마을

임실 치즈마을 & 치즈테마파크

치즈 하나로 유명세를 얻은 임실에는 우유를 가공해 치즈와 요구르트를 생산하는 유가공공장이 있다. 공장 내부를 관람할 수는 없지만, 공장 벽면에 설치된 유리 벽을 통해서 이 과정을 지켜볼 수 있다.

치즈 체험장에서는 마을에서 직접 생산된 우유로 치즈를 만드는 체험을 해볼 수 있다. 피자 도우 위에 직접 만든 치즈를 얹어 치즈크러스트 피자를 만들 수도 있다. 치즈 마을 옆에 자리 잡은 임실 치즈테마파크에는 유럽의 성을 재현한 치즈캐슬을 만나볼 수 있다. 여러 치즈 체험을 할 수 있는 치즈관, 트릭아트와 유럽 의상 코스프레 체험을 해볼 수 있는 문화예술갤러리 등 15개의 건물도 볼만하다. 두 곳 다 반려견 야외 출입은 가능한데, 실내 출입은 불가하다.

INFO
임실 치즈 마을
- 전라북도 임실군 임실읍 치즈마을1길 4
- 063-643-3700 cheese.invil.org
- 09:00~18:00 (월요일 휴무)

INFO
치즈테마파크
- 전라북도 임실군 성수면 도인2길 50 임실치즈밸리
- 063-643-2300 cheesepark.kr
- 09:00~18:00 (월요일 휴무)

1 임실 치즈테마파크
2 치즈테마파크 축제
3 치즈 체험을 하는 아이들

임실 Accommodation1

'오수의 개'를 아시나요?
오수애견 캠핑장

대표적인 충견 '오수의 개'를 테마로 구성한 캠핑장으로, 전라북도가 오수의 개를 기념하기 위해 4만여 평의 넓은 관광지를 조성하고 각종 반려견 시설을 준비한 곳이다. 드넓은 부지와 좋은 시설로 다른 지역의 애견인들까지 찾는 곳이다. 부지 내에 캠핑장은 물론 4·6인실 카라반 등 숙박시설도 있다. 반려견 훈련장과 다목적 광장, 산책정원, 바닥분수 등 다양한 반려견 관련 시설을 갖추고 있다. 텐트를 가져와 칠 수도 있고, 텐트가 따로 없는 사람들은 카라반을 예약해도 된다. 대형 카라반의 경우 TV, 쇼파와 식탁 등 각종 편의시설을 갖추고 있으며 베개 쪽에 무드등을 켤 수 있는 스위치와 충전기 꼽기 좋은 콘센트가 있어 편리하게 사용할 수 있다. 주방에 필요한 식기류도 모두 구비되어 있으며 싱크대 위에 일회용 칫솔까지 갖추고 있다.

INFO
- 전라북도 임실군 오수면 금암리 252-5
- 010-4221-1517 cafe.naver.com/osucamping 24시간
- 캠핑 데크(비수기) 3만 원, 최대 4인용 12만 원(주말), 6인용 15만 원, 8인용 18만 원
- 강아지 침구류 및 용품 지참 필수, 애견패드 착용 필수

PART 6 충청도

충청도는 한반도의 중앙을 차지하는 곳으로 북쪽으로는 경기도, 동으로는 경상북도, 남으로는 전라북도와 경계를 이루고 있으며, 서쪽은 황해와 면한다. 삼국시대에 충청남도는 백제에 속한 지역으로 찬란했던 백제 문화의 꽃을 피웠다. 이러한 충청도는 수도권이라 봐도 좋을 만큼 교통이 발달돼 접근이 쉽고, 자연과 도시가 융합되어 다양한 특산품들을 만날 수 있는 곳이다.

단양 Place1

나만 알고 싶은 도깨비 마을
방곡리

　도깨비마을로도 불리는 단양 방곡리는 월악산국립공원과 소백산국립공원 사이 숨어 있는 작은 마을이다. 산세가 험하고 다니는 사람들도 적어서 전혀 알려지지 않았다가 슬슬 입소문을 타고 있다. 마을 앞에서 반겨주는 도깨비 장승만큼이나 친근하고 가까운 느낌이 드는 마을로, 여름철 여행에 더할 나위 없이 좋은 장소다. 마을을 가로질러 내려가는 계곡 옆에 사람들이 거의 찾지 않는 무료 캠핑장이 자리잡고 있다. 한여름 성수기에도 텅 비어 있는 캠핑장이라니! 야영객들은 텐트를 편 채 시간 가는 줄 모르고, 바로 아래 계곡에서는 아이들의 물장난으로 시끌벅적하다. 마을에는 폐교를 리모델링한 도자기 체험장도 있어 가래떡처럼 탱탱한 점토로 도자기를 직접 빚어내는 재미까지 맛볼 수 있다.

INFO
- 충청북도 단양군 대강면 도락산로 137 (방곡도예촌)
- (숙박 및 체험) 010-4101-8500
- www.bgri.kr

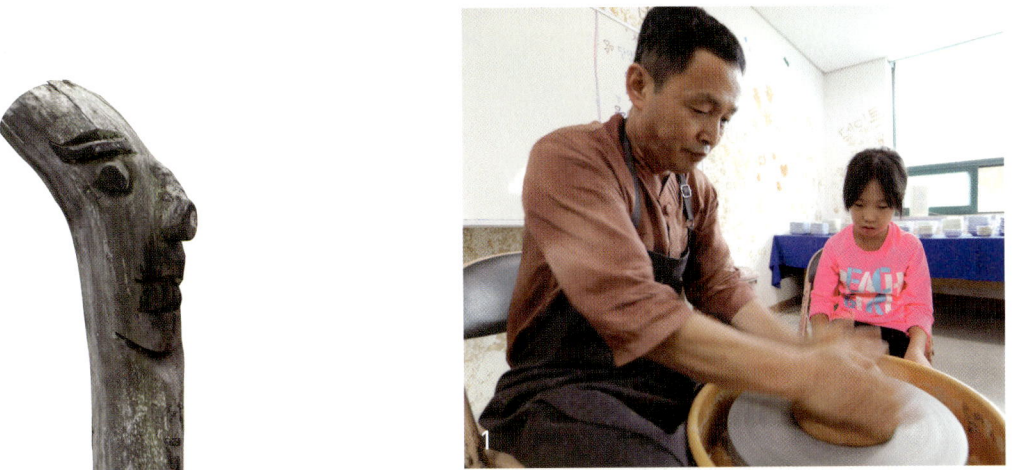

1 방곡리에서는 도자기 체험도 해볼 수 있다.
2 인근에는 계곡이 있어 한가롭게 물놀이를 즐기기 좋다.

단양 Place2

반려견과 함께 즐기는 단양팔경
사인암

수직 절벽이 바로 보이는 캠핑장

　　수직 절벽으로 유명한 단양 사인암은 단양팔경 중 하나로, '하늘에서 내려온 병풍'이라고도 불린다. 고려말 우탁이라는 학자가 '사인재관'이라는 벼슬에 있을 때 휴양하던 곳이라 해서 사인암이라는 이름이 붙었다. 사인암 앞에는 긴 흔들다리가 있는데, 이 다리가 놓인 운선계곡 역시 단양팔경 중 빼어나기로 유명한 계곡이다. 멋스러운 노송과 기암절벽을 둘러싸고 흐르는 물줄기를 바라보고 있노라면 시 한 수가 절로 나올 것 같다. 그래서인지 사인암은 매년 휴가철마다 사람들로 입추의 여지가 없다. 앞에 캠핑장이 있어 복잡함은 더하다. 반려견이나 아이들과 이곳을 찾는다면 휴가철이나 단풍철은 피하도록 하자.

INFO
- 충청북도 단양군 대강면 사인암리 64
- ★ 043-422-1146

단양 Eat & Drink1

도깨비 마을 맛 기행

방곡리와 사인암 일대 식당들

　방곡 도깨비마을 내에는 펜션과 민박집과 더불어 토속재료를 이용한 식당들이 몇몇 존재한다. 사인암 쪽에도 농가맛집들이 줄 서 있다. 방곡 도깨비마을 앞에서 사인암 쪽으로 가는 길에는 직접 만든 두부전골을 맛볼 수 있는 음식점이 있다. 밭에서 직접 기른 채소들로 만든 반찬이 맛깔스럽다.

INFO
- 충청북도 단양군 대강면 방곡리 185-3 (도락산로 137) 방곡도깨비마을
- 010-4791-7858   www.bgri.kr

단양 Accommodation1

사동계곡에서 더위사냥
사동유원지야영장

단양에서는 반려견 동반 숙박업소를 찾기가 힘들다. 다만 대강면 사동계곡로의 경우 드넓은 계곡과 숲이 우거진 캠핑장에서 반려견과 함께 캠핑이 가능하다. 마을에서 관리하는 유원지인 사동계곡은 어린이용 풀장도 갖추고 있다. 물론 샤워시설도 있다. 마을에서 관리비조로 몇 천 원 정도만 내면 반려견과 즐거운 캠핑을 할 수 있다.

INFO
🏠 충청북도 단양군 대강면 사동계곡로 183 (사동리 320)
⭐ (단양군대강면사무소) 043-423-7100

1 땅거미가 지는 몽산포해수욕장의 절경
2 몽산포 해수욕장은 수심이 얕고 모래알이 부드럽기로 유명하다.

태안 Place1

송림숲과 갯벌을 한번에
몽산포해수욕장

　서울에서 두 시간 남짓 서해안고속도로를 따라 달리면 몽산포해수욕장을 만날 수 있다. 드넓은 솔밭 사이로 보이는 엄청나게 많은 텐트들에 놀랐다면 걱정 마시라. 몽산포는 500개의 텐트를 펼칠 수 있을 정도로 광대하다. 끝이 보이지 않는 해안선이 벌써 도시에서 벗어났음을 알려준다. 보라카이만큼 모래알이 부드러워 아이들이 안심하고 모래를 밟으며 물장난 칠 수 있다. 아이들이 특히나 좋아하는 이유는 모래를 한참 파다 보면 조개도 주울 수 있기 때문이다. 차지고 단단한 모래바닥 곳곳에 맛조개와 대합 등이 숨어 있으니 미리 준비해 둔 삽이나 호미로 신나게 잡아보자. 조금 더 바다 쪽으로 나가 자리를 잡으면 길 옆 등산로도 활용할 수 있다. 해수욕을 하러 가기보다는 여름 성수기를 피한 시기에 고요한 바다를 보며 여유 있는 캠핑을 즐기고 싶은 분께 추천하고 싶다.

INFO

🏠 충청남도 태안군 남면 몽산포길 65-27 (신장리 산 113-1)

⭐ 041-672-2971 ⚙ mongsanpo.or.kr 👤 당일나들이 4인 기준 (10시~16시) 2만 원 캠핑카/텐트 등 1박 3만 원 (지참 시에 한한 자릿세. 대여 불가)

➕ 전 구역 선착순 운영. 전화로는 시설 문의만 가능

태안 Place2

반려견과 거니는 허브동산
팜카밀레허브농원

100여 종의 허브와 500여 종의 야생화를 만날 수 있는 태안의 대표 허브공원이다. 다양한 테마로 꾸며진 아름다운 정원들 덕분에 젊은이들 사이에선 '스몰 웨딩지'로도 각광받고 있다. 무엇보다 이곳은 반려견과 함께하는 여행자들을 위해 여러 편의시설을 갖춘 공원이다.

반려견과 함께 넓은 농원을 산책할 수 있을뿐더러, 반려견을 위한 놀이터와 미니 펜션, 방갈로 등의 시설이 있어 함께 하룻밤도 보낼 수 있다. 펜션 및 방갈로 예약은 농원 내 '어린왕자펜션' 홈페이지에서 가능하다.

INFO

- 충청남도 태안군 남면 우운길 56-19
- 041-675-3636 ⏲ 09:00~19:00 (동절기는 오후 5시 30분까지 운영)
- 소형견 3천 원, 대형견 5천 원, 성인 8천 원, 학생 5천 원 등
  (숙박) 4명 주중 기준 15만 원 (성수기 여부에 따라 상이, 홈페이지 참조)
- (허브농원) kamille.co.kr, (어린왕자 펜션) kamille-pension.co.kr

1 초록빛이 가득한 농원의 산책로
2 습지 생물원 '워터가든'을 걷고 있는 여행객들
3 다양한 색의 꽃과 허브가 펼쳐진 농원 입구

태안 Eat & Drink 1

반려견과 함께 먹는 게국지 세트
전주식당

반려견 동반 가능한 방이 따로 있는 식당이다. 게국지 2인 세트가 6만 원이며 3인 세트는 9만 원이다. 다소 비싸게 느껴지지만, 사실 태안에 반려견 동반 식당을 찾기가 쉽지는 않다. 영양굴밥이나 해물칼국수, 대하장백반 등 1만 원 조금 넘는 메뉴도 있다.

INFO
🏠 충청남도 태안군 안면읍 백사장1길 49 (창기리 1262-160)
★ 041-672-0405

1 알이 꽉 찬 일품 간장게장
2 게국지 외에도 다양한 메뉴가 있다.

태안 Accommodation1

몽산포해수욕장 근처에서 하룻밤을
블루베리 펜션

태안의 몽산포해수욕장에서 차로 10분 거리에 있는 블루베리 펜션. 바닷가에 자리잡고 있지만 펜션 내부에 블루베리 나무들이 자라고 있어 지금의 이름을 얻었다. 하얀 나무 벽과 원목으로 만들어진 테라스가 있는 유럽풍의 목조건물이 눈을 사로잡는다. 마당에는 야외수영장이 있는데, 사람 전용 수영장이라 아쉽다. 인근에 허브식물원이 있어 블루베리 펜션을 이용하면 2천 원에 관람이 가능하다. 바닷가 근처지만 장미와 각종 허브를 원 없이 감상할 수 있다. 이곳에서 머물면서 낮에는 몽산포해수욕장에서 해수욕과 갯벌체험을 즐기고, 밤에는 객실의 개별 테라스에서 독립적인 바비큐를 즐기며 하룻밤을 마무리하는 것을 추천한다.

INFO
- 충청남도 태안군 남면 우운길 56-17 (몽산리 979)
- 010-6706-1035 myblueberry.co.kr
- 4kg 이하 소형견만 동반 가능, 객실당 2마리까지 가능
  1마리당 1만 원 부과 (성수기에는 2만 원)

태안 Accommodation2

목조 펜션에서 즐기는 여유
하늘섬 펜션

많이 알려지지 않았지만 안면도의 두여해수욕장은 넓은 모래밭과 완만한 경사의 바다가 매력적인 곳이다. 특히 두여해수욕장은 모래가 곱고 수온이 일찍 올라 일찍부터 수영을 즐기기기도 좋다. 하늘섬 펜션은 이런 두여해수욕장에서 걸어서 4분 거리에 자리잡고 있는 펜션이다. 주변에 갯바위 낚시를 즐길 만한 장소가 충분하여 매운탕 거리도 잡을 수 있다. 바닷물이 많이 빠지는 사리때가 되면 해변에서 잡을 거리도 풍성해진다. 하늘섬 펜션은 꽃으로 꾸며진 넓은 잔디마당과 자연친화적인 목조형 건물로 이루어져 있다.

INFO
- 충청남도 태안군 안면읍 회목길 208 (정당리 1285)
- 010-6315-2281 goskyland.com
- 커플룸 1마리, 패밀리룸 2마리 동반 가능, 2마리부터 1마리당 1만 원 부과

태안 Accommodation 3

마당 넓은 고즈넉한 숙소
해마루 펜션

태안의 밧개해수욕장 인근에는 유난히 애견 동반 펜션들이 많다. 주변이 그만큼 애견들이 뛰어놀기 좋은 여건이라는 반증이기도 하다. 사실 밧개해수욕장은 해송과 드넓게 펼쳐진 얕은 해변이 매력적인 곳이다. 강아지들과 마음대로 뛰어놀아도 안전사고 없이 행복한 시간을 보낼 수 있다. 밧개해수욕장을 찾는 사람들은 흔히들 바지락과 게잡이에 열중한다. 특히 작은 게들은 특별한 도구 없이도 잡는 것이 가능하다. 해마루 펜션은 아름다운 나무가 어우러진 정원이 인상적인 곳이다. 펜션에 갯벌체험 도구들도 있어서 빌려 갈 수 있다. 모래 묻은 발과 신발을 씻을 수 있도록 수돗가가 따로 마련돼 있다. 해변에서 노닐다 보면 강아지들도 발이 더러워질 수 있기 때문에 꼭 씻겨주는 것이 좋다. 펜션에서 키우는 토끼들도 있어 쉽게 동심으로 돌아갈 수 있다.

INFO
🏠 충청남도 태안군 안면읍 해안관광로 320-5 (승언리 1915)
★ 041-674-8668, 010-2429-8667 🌐 haemarups.com
🐾 소형견(5kg 이하) 1마리까지 무료 입장 가능
   2마리부터 1마리당 1만 원 부과

태안 Accommodation4

이번 휴가는 별장에서
만리포 송현별장

햇볕이 잘 들어오는 쾌적한 구조가 특징인, 가족 및 단체모임을 위한 펜션이다. 기준 4명부터 최대 35명까지 원룸형, 객실 분리형으로 청결하게 구성된 객실이 특징이다. 넓고 쾌적한 객실 내부에 TV, 식탁, 에어컨, 선풍기, 드라이, 취사도구, 냉장고, 욕실용품 등 다양한 부대시설을 갖췄다. 많은 인원이 이용해도 무리 없이 착석할 수 있는 개별 바비큐장이 준비돼 있다. 바비큐 파티를 즐긴 후 펜션의 마당에서 쏟아지는 별을 감상하며 도란도란 이야기를 나눠보는 것도 좋겠다. 별도의 요금을 내면 운치 있는 캠프파이어도 즐길 수 있다. 이곳은 바다 바로 앞이지만 풀 냄새가 가득한 자연 정원이 있다. 정원 어디에서 찍어도 인생 샷을 얻을 수 있다. 색이 고운 들꽃과 넓고 푸른 잔디, 형형색색 나무와 연못이 어우러진 정원과 더불어 자연과 호흡할 수 있는 인근 산책로가 매력적인 곳이다.

INFO
- 충청남도 태안군 소원면 대소산길 377-2 (송현리 507-2)
- 041-672-3192, 070-8222-3192, 010-9966-1420　songhyunvilla.com
- 소형견·중형견만 동반 가능 (단, 대형견은 마당에서 재우는 조건)
  반려견 마리 수 제한 없음. 1마리당 1만 원 부과

| 태안 Accommodation5 |

반려동물 전문 펜션
솔푸른 향기 펜션

　서해안의 대표 관광지인 안면도에 있는 솔푸른 향기 펜션은 안면도에서 최대 면적을 자랑하는 반려견 운동장과 반려견의 편의를 고려한 수영장 시설 등을 고루 갖추고 있는 곳이다. 펜션 업주가 반려견을 무척이나 사랑해 10여 마리의 반려견들과 함께 생활하고 있다. 펜션 내에 울타리를 설치해 안전하고 편안한 휴식처를 제공한다. 주변에 싱싱한 해산물을 직접 살 수 있는 백사장항과 갯벌체험을 즐길 수 있는 삼봉, 백사장 해수욕장 등이 10분 거리에 있다. 아이들의 호기심을 자극하는 공룡박물관과 불빛축제 등을 즐길 수 있다. 복잡한 일상생활에서 잠시 벗어나 반려견들과 견주가 힐링할 수 있는 곳이라 할 만하다. 예쁜 카페 정원, 해먹, 그네 산책길, 개별 바비큐장, 애견클리닉 등 서비스도 제공하고 있다. 소형견 전용 미니 수영장에 유료이긴 하지만 드라이룸을 이용할 수 있으며 에어탱크를 무료로 이용할 수도 있다. 반려견용 구명조끼와 튜브, 사람용 튜브를 무료로 대여해주기도 한다. 사람 전용 수영장은 따로 있다.

INFO

🏠 충청남도 태안군 안면읍 수해길 85-71 (창기리 1523-2)

★ 010-3070-5929 ⚙ ssolblue.com

🚩 소형견(10kg 이하) 1마리 무료 동반 가능, 최대 4마리까지 허용, 1마리당 1만 원 부과
　중대형견(11kg~29kg) 일부 객실만 가능, 1마리당 2만 원 부과, 일부 종은 이용 제한(홈페이지 참고)
　초대형견(30kg~40kg) 일부 객실만 가능, 1마리당 3만 원 부과, 일부 종은 이용 제한(홈페이지 참고)

태안 Accommodation6

태안의 작은 핀란드 집
숲속의 핀란드 펜션

독특한 이름을 가진 이곳은 이름 그대로 소나무 숲 속에 위치한 핀란드풍의 목조주택 펜션이다. 뾰족한 벽돌지붕과 샛노란 나무벽이 빚어내는 외관은 인증샷을 부를 만큼 색다른 모습을 자랑한다. 펜션 뒷편으로는 솔내음이 가득한 숲 산책로가 있고, 주변에 민물 낚시터가 산재해 있어 낚시를 즐기기에도 좋다. 이 펜션에 머무는 손님들만을 위한 연못 낚시터가 있을 뿐만 아니라 갯바위나 선상낚시, 가두리 좌대 낚시터가 있기 때문에 낚시를 즐기는 사람이라면 주목할 만한 숙소다. 혹 '숲 속'이라는 이름 때문에 접근성을 걱정한다면 그럴 필요 없다. 숙소에서 5분 거리에 마트와 병원, 약국, 보건소가 있기 때문이다.

INFO
- 충청남도 태안군 소원면 은골길 128 (송현리 323-1)
- 010-2236-7783
- blog.naver.com/ccch8282
- 소형견 (5kg 이하) 2마리까지 가능 추가시 1마리당 5천 원 부과 중·대형견은 1마리까지 가능

태안 Accommodation 7

바다내음 맡으며 행복한 아침을
좋은아침 펜션

좋은 아침 펜션은 바다와 150m 정도 떨어진 거리에 있다. 펜션에서 조금만 걸어 나오면 밧개해수욕장이 있어, 해수욕을 즐기거나 산책을 하기에도 좋다. 주인장이 바지락 많은 곳을 안내해준다. 샛별해수욕장의 경우 차로 20여 분을 가야 하며, 차로 5분 거리의 방포항 갯벌은 바지락과 키조개가 서식한다. 방포항 끝에서는 우럭과 놀래기 낚시가 곧잘 된다. 소형견 2마리까지는 무료 입실이 가능하며, 중·대형견은 1마리씩 무료 입실이다. 털이 많이 빠지는 강아지는 강아지 주인의 양심에 호소해서 1만 원을 추가로 받는다.

INFO

- 충청남도 태안군 안면읍 밧개길 165-30 (승언리1930)
- 010-3065-6696 happygoodmorning.modoo.at
- 소형견 2마리 무료, 중·대형견 1마리 무료, 추가 시 1마리당 1만 원 부과
  여름 성수기에는 대형견 입장 가능 여부 확인

보령 Place1

길다란 백사장 따라
대천해수욕장

대천해수욕장은 즐길 거리, 볼거리가 넘친다. 특히 해안 산책로를 따라 바다 위를 달릴 수 있는 '스카이바이크'는 젊은이들 사이에서 인기다. 밀물 때를 미리 숙지해 시간을 맞춰 간다면 물 위를 달리는 듯한 느낌을 제대로 받을 수 있다. 좀 더 짜릿함을 맛보고 싶다면 '짚라인'을 타보자. 건물 19층 높이에서 와이어에 매달려 서해를 온몸으로 느낄 수 있는 최고의 레포츠다.

찜통더위가 기승을 부리는 여름철이라면 이곳 보령에서 지친 피부를 달래길 추천한다. 머드의 본고장답게 매해 7월 중순경이 되면 다양한 머드 체험과 인기가수의 축하 공연이 어우러진 글로벌 머드 축제가 대천해수욕장에서 펼쳐진다.

굳이 머드축제가 아니라도 대천해수욕장은 넓고 긴 백사장이 매력적인 해변이다. 배변 처리, 목줄 등 필수 펫티켓을 잘 지키는 견주라면 사랑하는 내 반려견과 백사장을 거닐며 여름을 시원하게 보낼 수 있다. 좀 더 여유롭고 운치 있게 바닷가를 산책하고 싶다면 되도록 사람이 몰리는 7~8월 성수기를 피해 이곳을 찾는 것이 좋다.

머드축제 현장에서는 국적, 나이 상관없이 모두 친구가 될 수 있다.

INFO

- 충청남도 보령시 머드로 123 (신흑동 1029-3) 대천해수욕장
- (대천해수욕장) 041-933-7051 (보령머드축제위원회) 041-930-3882/3557
- daecheonbeach.kr

보령 Place2

비밀의 정원 속으로

보령댐 물빛공원

　6km 구간을 따라 2천 여 그루의 벚꽃나무가 줄지어 있는 '주산 벚꽃길'과 인접한 공원이다. 매년 봄철이 되면 벚꽃이 만연하게 피어난 길을 따라 반려견과 산책할 수 있는 낭만적인 곳이기도 하다. 벚꽃 외에도 볼거리가 가득하다. 물빛공원 전망대에서 보령댐을 한눈에 볼 수 있으며, 공원 곳곳에 핀 알록달록한 철쭉을 누비며 걸을 수 있다. 주차 공간도 비교적 잘 마련돼 있어 여행을 오고가다 잠시 여유가 생길 때 들르기 좋다.

공원길이 잘 조성되어 있어 반려견과 함께 걷기 좋다.

INFO
🏠 보령시 주산면 보령호로 514 보령댐 물빛공원 일원
★ (주산면사무소) 041-930-4706

보령 추천 여행지

억새 물결이 장관을 이루는
오서산자연휴양림

보령시는 충남 지역 서해권에 속한 '바다 도시'인 만큼 사시사철 아름다운 해양 경관을 자랑한다. 특히 전국에서 다섯 손가락 안에 드는 오서산 자락에서 풍광을 즐기는 맛이 일품이다. 해발 791m로 서해안에서 가장 높은 오서산은 바다와 산을 한꺼번에 조망할 수 있는 곳이다. 완만한 능선이 넓게 펼쳐진 덕분이다. 가을철에 보령을 찾았다면 오서산 억새밭의 은빛 향연을 놓치지 말자. 오서산자연휴양림에서 등산로를 따라 오대산을 오르는 코스가 좋다. 서해를 배경으로 낙조가 펼쳐질 때면, 억새들이 은빛 물결에서 금빛 물결로 바뀌는 모습을 눈에 담을 수 있다.

억새 물결이 장관을 이루는 오서산의 가을은 은빛 그 자체다.

INFO
🏠 충청남도 보령시 청라면 오서산길 531
   산막 (장현리 산52-2)
★ 041-936-5465
⚙ huyang.go.kr/comforestmain.action

보령 Eat & Drink1

보령의 자랑, 생굴 기행
천북 생굴단지

보령시에서 맛봐야 할 먹거리 중 하나는 싱싱한 '바다의 우유' 굴이다. 보령시에서 북쪽으로 내달리다 보면 장은리 바닷가에 조성된 '천북 생굴단지'를 만날 수 있다. 90년대 초 작은 규모로 시작된 이곳은 지금은 단지가 조성될 정도로 커졌다. 이 굴단지 내 어느 식당에서든 굴회와 굴밥, 석화구이 등 각종 굴 요리를 맛볼 수 있다.

INFO
- 충청남도 보령시 천북면 홍보로 1049 (장은리 959-17)
- (천북면사무소) 041-641-8816 (보령문화관광) brcn.go.kr/tour.do

1 생굴단지에 가면 직접 생굴을 캐는 분들을 만날 수 있다.
2 천북 생굴단지에서 만난 싱싱한 생굴

보령 Accommodation 1

서해가 한눈에
펜션 & 호텔뷰

펜션 & 호텔뷰는 서해를 내려다볼 수 있는 언덕에 지어진 호텔식 펜션이다. 이곳만의 장점은 넓은 창을 통해 바라다보이는 탁 트인 바다 전망을 손꼽을 수 있다. 객실 내부에서도 서해의 황금빛 석양을 쉽게 감상할 수 있다. 그뿐만 아니라 객실이 화려하고 세련됐다는 평가를 받는다. 의외의 장소에서 호텔을 만난 듯한 기분을 즐길 수 있다. 천북굴단지에서 걸어서 5분 거리에 있어 편리하게 맛난 굴을 맛볼 수도 있다. 무엇보다 사람들을 감동하게 하는 것

은 야자 매트가 깔린 산책로다. 바다가 한눈에 내려다보이는 산책로는 데크와 산길이 적절하게 어울려 있다. 바다 풍경을 바라보며 거닐다 보면 1시간은 훌쩍 지나가 버린다.

INFO
🏠 충청남도 보령시 천북면 홍보로 1061-175 (사호리 778-11)
⭐ 010-9552-6010   ⚙ hotel-view.co.kr
🚩 소·중형견만 동반 가능, 객실당 최대 2마리까지, 1마리당 1만 원 부과

예산 Place1

북적대지 않는 일몰명소
예당호(예당저수지)

예산은 예로부터 팔경(八景)이 유명한데, 1경 수덕사, 2경 가야산, 3경 충의사, 4경 삽교평야, 5경 추사고택, 6경 예당저수지, 7경 임존성, 8경 예산사과를 말한다. 이 가운데 백제 15대 침류왕 2년(358년)에 수덕각시라는 관음화신이 중생 제도를 위해 창건했다는 수덕사를 비롯해 충의사, 추사고택, 임존성은 역사·문화적으로도 가치가 높은 곳이다.

예당저수지는 가족 여행객들이 가벼운 트레킹을 즐기기에 좋고, 맛과 영양이 풍부한 예산 대표 농산물 '예산 황토 사과'도 합리적인 가격에 만날 수 있다.

이밖에 예산에서 빠질 수 없는 것이 바로 온천. 물 좋기로 소문난 덕산 온천수가 공급되는 워터파크 및 온천 시설들이 많아서 건강 여행으로도 추천할 만하다.

INFO
🏠 충청남도 예산군 응봉면 후사리 118-16
★ (예당국민관광지) 041-339-8281　👤 무료

위에서 내려다본 예당호의 아름다운 모습

예산 추천 여행지

즐거운 물놀이 공간
리솜스파캐슬

수영장에서 즐거운 한 때를 보내는 어린이들

덕산 온천수로 즐길 수 있는 온천테마파크이다. 7천 평이 넘는 넓은 대지에 리조트는 물론 각종 스파와 물놀이 기구를 갖춰 아이들과 온종일 물놀이하기 좋다. 온천수에 게르마늄 성분이 풍부해 피부미용 등에도 좋다.

INFO

- 충남 예산군 덕산면 온천단지3로 45-7
- 041-330-8000
- 평일 06:00~20:00, 천천향 이용 및 주말 여부에 따라 상이
- 천천향 종일권 성인 4만8천 원, 소인 3만3천 원
- www.resom.co.kr/spa

예산 Accommodation1

애견전용 캠핑장
피플앤독힐링캠프

드넓은 잔디밭과 잘 가꿔진 민박집이 조화로운 곳이다. 잔디 보호를 위해 차를 바깥에 주차해놓고 리어카로 짐을 날라야 하는 점이 다소 아쉽다. 리어카가 3대나 있어서 이용에는 불편함이 없다. 대형견 전용으로는 폐교를 활용한 제2캠핑장을 이용하고 있다. 카라반과 루프탑 캠핑도 가능하다. 강아지는 1마리 추가할 때마다 5천 원을 더 내야 한다. 버팔로 텐트 세트 대여 비용은 10만 원이다. 기본 품목으로 테이블과 캠핑매트, 베개 2개, 코펠세트와 바비큐 그릴, 트윈 버너와 그라운드 시트, 전기장판(2인용) 등을 제공하며, 기타 숯과 장작, 가스 등은 구입해야 한다.

INFO
- 충청남도 예산군 신양면 귀곡동절길 28 (귀곡리 23-2), 소형견 전용
  충청남도 예산군 신양면 불원귀곡길 108 (귀곡리 844), 대형견 전용
- 010-8253-2790 24시간 cafe.naver.com/doghealingcamp
- 밤 11시 이후에는 조용히 해야 한다.

아산 Place1

살아 있는 민속박물관
외암민속마을

예안 이씨 집성촌인 아산 외암마을은 초가지붕 위 둥근 박과 손에 잡힐 듯 가까운 뒷산, 그리고 파랗게 펼쳐진 하늘이 마치 고향에 온 듯한 느낌을 주는 마을이다. 중요민속문화재 236호로 정해진 이곳은 오랜 기간에 걸쳐 잘 가꿔진 민속 마을이면서도 수도권의 민속촌들과는 차별화된 푸근함을 느낄 수 있는 곳이다. 왜냐하면 사람이 직접 거주하는 곳이기 때문이다. 그러니 당연히 강아지들을 데리고 다니는 것도 부담이 없다. 목줄을 하고 배변 봉투만 챙기면 된다.

INFO
- 충청남도 아산시 송악면 외암민속길9번길 13-2 (외암리 203)
- 041-541-0848
- (하절기) 09:00~18:00
  (동절기) 09:00~17:00
- 어른 2천 원, 어린이 1천6백 원
- oeam.co.kr

펫티켓만 제대로 지킨다면 반려견과 함께 마을의 고즈넉함을 느낄 수 있다.

아산 Place2

전국 10대 아름다운 가로수길
곡교천(은행나무길)

곡교천은 아산만으로 흘러드는 아산의 젖줄이다. 이 주변에 심어진 은행나무는 해마다 10월이면 노란 세상을 연출한다. 2006년에는 건설교통부에서 주최한 아름다운 길 100선에 선정되기도 했다. 강아지들과 함께 걷기도 좋은 길이다.

INFO
🏠 충남 아산시 염치읍 백암리 502-3

한 폭의 수채화 같은 금빛 드라이브 길

아산 Place 3

따사로운 마을 나들이
공세리 마을

서울에서 멀지 않은 충남 아산 공세리 마을은 강아지와 함께 거닐어보기 알맞은 길이다. 오래된 공세리 성당에 올라서면 푸른 들판이 한눈에 내려다보인다. 아름다운 풍광으로 유명한 공세리 성당은 수많은 영화와 드라마의 배경이 된 곳이다. 자연을 만나고 바람 살랑거리는 100년 된 마을 골목을 거닐어보는 것도 좋다. 성당은 순교자들의 유해가 모셔진 가톨릭 성지이기도 하다. 성당 안쪽으로는 반려견 동반이 안 되지만 풍치 있는 공세리 마을을 둘러보는 것으로도 충분하다.

촬영지로 유명한 공세리 성당

INFO
- (공세리성당) 충청남도 아산시 인주면 공세리성당길 10
- ★ 041-533-8181
- www.gongseri.or.kr

아산 Accommodation1

행복한 반려견들의 천국
라포레 캠핑장

아산에 위치한 반려견 전용 운동장 & 캠핑장이다. 라포레(La Foret)는 프랑스어로 '숲'을 뜻하며 반려견과 함께 자연속에서 다양한 여행을 즐길 수 있는 공간이다. 애견운동장, 수영장, 실내외 카페, 바비큐 등 소중한 반려견과 함께 할 수 있는 애견전용문화공간을 표방하고 있다. 드넓은 잔디 운동장이 있으며 수영장도 운영하고 있다. 텐트가 없는 사람들을 위해 텐트도 빌려주며, 피크닉도 가능하다. 특히 이곳의 유명견이었던 음봉이에 이어 현재는 누리가 라포레 캠핑장의 마스코트 역할을 톡톡히 해내고 있다.

INFO
- 충청남도 아산시 음봉로 85
- 010-4642-6150 24시간 laforetcamping.modoo.at
- 오토캠핑 중소형 사이트 1박 4만5천 원, 대형견 3만 원
- 캠핑장 근처에 매점과 카페가 있어 편리하다.

아산 **393**

음봉이 Story

음봉이는 원래 새끼 때 동네에 버려진 작은 강아지였다. 우연히 이 떠돌이 개를 만난 캠핑장 주인은 친구처럼 음봉이와 가까워지게 되었다. 어느 날 음봉이가 꽃내음을 맡으며 환하게 웃는 모습을 포착한 주인장은 이 모습을 카메라에 담았다. 이 사진이 많은 사람들의 심금을 울렸고, 음봉이도 새 주인을 만나게 되었다. 지금은 만날 수 없지만, 아직도 음봉이가 꽃내음을 맡으며 흐뭇해 하던 사진은 많은 이들의 자동미소를 부른다.